全彩 图解

一本书读懂
燃油汽车与电动汽车

主编　胡欢贵

机械工业出版社
CHINA MACHINE PRESS

本书主要讲解燃油汽车与电动汽车相关的专业知识。让读者既看清它们的共同点，如车身底盘、基础电气与智能网联及自动驾驶系统；也了解它们的不同之处，如动力系统、传动系统、热管理系统等。本书共8章，第1、2章为汽车机械、电气基础知识篇，主要介绍一些基本知识，机械部分包括燃油汽车的组成和工作原理，底盘传动系（包括变速器）、行驶系（包括悬架与车轮）、转向系与行驶系、车身及饰件的结构形式与特点，机械部件的控制方式与工作原理；电气部分包括电学的基础知识、动力电池与电驱系统、汽车空调、智能网联及自动驾驶技术等。第3章讲解汽车发动机的类型、结构与原理，介绍一些特殊类型发动机及发动机新技术的特点。第4章按新能源汽车的技术分类介绍了纯电动汽车（BEV）、增程式电动汽车（REEV）、插电式混动汽车（PHEV）、油电式混动汽车（HEV）、燃料电池电动汽车（FCEV）的结构特点及运行模式，以便读者更加深入地了解不同类型新能源汽车的特性。第5章讲解了电动汽车的补能技术，主要介绍常见的直流快充与交流慢充技术的特点与原理。第6~8章则为（准）车主们提供了一些常见的汽车购买、使用与保养方面的参考及建议。

本书以全彩图解的形式向读者讲解新能源电动汽车结构原理的基础知识，解决电动汽车购买、使用与维护等方面的常见问题，为了加深学习印象、提高学习效率，还专门配套了演示动画与教学视频。

本书内容系统全面、浅显易懂，特别适合想要了解燃油汽车与电动汽车的读者们阅读使用，也可作为汽车高职院校、中职院校、技校等汽车专业师生的辅导读物。同时，燃油汽车或电动汽车车主与驾驶员也可参阅使用。

图书在版编目（CIP）数据

一本书读懂燃油汽车与电动汽车/胡欢贵主编. —北京：机械工业出版社，2023.9

ISBN 978-7-111-75018-5

Ⅰ.①— … Ⅱ.①胡… Ⅲ.①汽车–基本知识 Ⅳ.①U46

中国国家版本馆 CIP 数据核字（2024）第 072317 号

机械工业出版社（北京市百万庄大街22号　邮政编码100037）
策划编辑：王　婕　　　　　责任编辑：王　婕　何士娟
责任校对：韩佳欣　陈　越　　封面设计：马若濛
责任印制：常天培
北京机工印刷厂有限公司印刷
2024年6月第1版第1次印刷
184mm×260mm・10.75印张・264千字
标准书号：ISBN 978-7-111-75018-5
定价：79.90元

电话服务　　　　　　　　　网络服务
客服电话：010-88361066　　机　工　官　网：www.cmpbook.com
　　　　　010-88379833　　机　工　官　博：weibo.com/cmp1952
　　　　　010-68326294　　金　书　网：www.golden-book.com
封底无防伪标均为盗版　　　机工教育服务网：www.cmpedu.com

前言

1881年，法国工程师古斯塔夫·特鲁夫发明了世界上第一辆电动车，这是一辆将铅酸蓄电池作为动力的三轮车；1885年10月，德国奔驰汽车创始人之一的卡尔·本茨（1844—1929）研制出世界上第一辆汽车，该车为搭载二冲程单缸汽油发动机的三轮车。1886年，德国人戈特利布·戴姆勒（1834—1900）发明了第一辆四轮汽车。看得出来，电动汽车的诞生比燃油汽车还要早。

19世纪末期到20世纪20年代，在早期的汽车消费市场上，由于电动车比采用发动机驱动的车辆有着更多优势：无气味、振动小、噪声低、不用换档和价格较低，因此形成了蒸汽机、电动机和发动机（内燃机）三分天下的汽车市场。随着石油开采量的提升与发动机技术的提高，电动汽车从20世纪20年代起逐渐丧失优势，只有少数城市交通仍使用有轨电车或无轨电车，以及采用电驱动的旅游观光车、高尔夫球场车等特殊车辆。

20世纪90年代，环境污染、气候变暖、石油短缺成为全世界共同面对的问题，减少汽车排放、节省石化能源的有效方法之一就是大力发展新能源汽车。于是，电动汽车又重新回到了人们的视野。据相关数据显示，2022年我国新能源汽车产销量分别为705.8万辆与688.7万辆，同比增长96.9%和93.4%，已经连续8年位居全球第一。

随着新能源汽车保有量的不断增长与汽车新技术的不断发展，从其他非汽车行业进入汽车领域的从业人员、原来从事燃油车相关工作的技术与服务人员、想了解和购买汽车的准车主们以及对电动汽车这一热门事物感兴趣的人们，都亟须寻求相关的资讯，丰富知识储备。

本书站在入门寻知者的角度，用问答的形式，以专业浅显的描述介绍了相关燃油汽车与电动汽车相关的知识。让读者既看清它们的共同点，如车身底盘、基础电气与智能网联及自动驾驶系统；也了解它们的不同之处，如动力系统、传动系统、热管理系统等。第1、2章为汽车机械、电气基础知识篇，主要解决一些的基本层次的问题，机械部分如燃油汽车、底盘传动系（包括变速器）、行驶系（包括悬架与车轮）、转向系与行驶系、车身及饰件的结构形式与特点，机械部件的控制方式与工作原理；电气部分如电学的基础知识、动力电池与电驱系统、汽车空调、智能网联及自动驾驶技术等。第3章讲解汽车发动机的类型、结构与原理，一些特殊类型的发动机及发动机新技术的特点。第4章按新能源汽车的技术分类介绍了纯电动汽车（BEV）、增程式电动汽车（REEV）、插电式混动汽车（PHEV）、油电式混动汽车（HEV）、燃料电池电动汽车（FCEV）等结构特点和运行模式，以便读者更加深入地了解新能源汽车不同类型的特性。第 5 章讲解了电动汽车的补能技术，主要介绍常见的直流快充与交流慢充技术的特点与原理。第 6~8 章则单独为准车主们提供一些常见的汽车购买、使用与保养方面的参考及建议。

本书尽量用全彩图解的方式，同时配以动画演示与视频讲解，这样让一些复杂的部件结构更加直观易懂，也使其工作模式与运行原理更加便于理解与学习。

本书由胡欢贵主编，此外参加编写的人员还有朱如盛、周金洪、刘滨、陈棋、孙丽佳、周方、彭斌、王坤、章军旗、满亚林、彭启凤、李丽娟、徐银泉。在编写过程中，参考了大量厂家技术文献和网络信息资料，在此，谨向这些资料信息的原创者们表示衷心的感谢！

由于涉及资料诸多，技术新颖，加之编者水平有限，错漏之处在所难免，还请广大读者批评指正，以使本书在再版修订时更为完善。

编　者

2023 年于羊城

资源总码

目 录

前言

第1章 汽车机械基础……………………………………………………1

1-1 燃油汽车由哪些部分组成？…………………………………………1
1-2 燃油汽车是怎样工作的？……………………………………………3
1-3 汽车有哪些传动方式？………………………………………………3
1-4 汽车离合器是怎样工作的？…………………………………………5
1-5 汽车变速器有哪些类型？……………………………………………6
1-6 手动变速器有什么特点？是怎样工作的？…………………………7
1-7 自动变速器有什么特点？是怎样工作的？…………………………9
1-8 双离合器变速器有什么特点？是怎样工作的？……………………11
1-9 无级变速器有什么特点？是怎样工作的？…………………………13
1-10 燃油汽车四轮驱动有哪些类型？……………………………………14
1-11 适时四驱车型有什么特点？…………………………………………15
1-12 全时四驱车型有什么特点？…………………………………………15
1-13 分时四驱车型有什么特点？…………………………………………16
1-14 电动四驱有些什么特点？和燃油汽车相比有些什么区别？………16
1-15 什么是悬架？独立悬架与非独立悬架有什么区别？………………17
1-16 麦弗逊悬架有什么特点？结构是怎样的？…………………………18
1-17 双叉臂悬架有什么特点？结构是怎样的？…………………………19
1-18 多连杆悬架有什么特点？结构是怎样的？…………………………19
1-19 扭杆梁悬架有什么特点？结构是怎样的？…………………………20
1-20 汽车车轮的结构是怎样的？…………………………………………20
1-21 汽车轮胎的参数有什么含义？………………………………………21
1-22 轮胎动平衡有什么作用？……………………………………………22

1-23 车轮定位有什么作用? ……23
1-24 汽车制动系统由哪些部分组成?是如何工作的? ……25
1-25 什么是ESP?该系统有些什么特点? ……26
1-26 汽车转向系统由哪些部件组成?是怎样工作的? ……27
1-27 汽车车身有哪些类型? ……29
1-28 什么是非承载式车身?有什么特点? ……29
1-29 什么是承载式车身?有什么特点? ……30
1-30 什么叫白车身?有什么特点? ……31
1-31 汽车车身一般采用什么材料?有什么特点? ……31
1-32 车身内外饰件包括哪些部件? ……33

第2章 汽车电气基础 ……35

2-1 什么是电?电流、电压与电阻是什么关系? ……35
2-2 什么是电功率?什么是转矩?功率与转矩怎样转换? ……36
2-3 什么是直流电?什么是交流电? ……37
2-4 什么是串联与并联电路?有什么特点? ……37
2-5 什么是蓄电池?蓄电池的基本结构和原理是怎样的? ……39
2-6 什么是铅酸蓄电池? ……39
2-7 什么是镍氢电池? ……40
2-8 什么是三元锂电池? ……42
2-9 什么是磷酸铁锂电池?刀片电池是什么样的电池? ……43
2-10 动力电池有哪些封装类型?以什么形式出现? ……43
2-11 锂电池多少C是什么意思? ……44
2-12 动力电池容量 $A·h$ 表示什么意思?与 $kW·h$ 如何转换? ……45
2-13 电池的SOC、SOH是什么意思? ……46
2-14 圆柱电池的标号1865、2170、4680是什么意思? ……46
2-15 固态锂电池是怎样的? ……47
2-16 无钴锂电池是怎样的? ……48
2-17 NCMA四元锂电池是怎样的? ……49
2-18 动力电池包如何冷却与加热? ……49
2-19 发电机是怎样发电的? ……50
2-20 电机的基本结构和原理是怎样的? ……51
2-21 常见的车用驱动电机有哪些类型? ……52
2-22 永磁同步电机的结构是怎样的? ……53
2-23 永磁同步电机是怎样工作的? ……54
2-24 异步电机的结构是怎样的? ……54
2-25 异步电机是怎样工作的? ……55

- 2-26 轮毂电机与轮边电机是什么样的电机？·················55
- 2-27 电机控制器的结构是怎样的？有些什么功能？·················57
- 2-28 什么是多合一电驱控制器？有些什么特点？·················59
- 2-29 什么是电子变速杆？有些什么特点？·················60
- 2-30 电驱系统是怎样冷却的？·················60
- 2-31 电动汽车空调系统有什么特点？·················61
- 2-32 电动汽车取暖系统有什么特点？·················62
- 2-33 电动汽车空调如何制冷？·················63
- 2-34 电动汽车空调制热的工作原理是什么？·················64
- 2-35 什么叫热泵空调？与一般汽车空调有什么区别？·················64
- 2-36 什么是智能网联汽车？有些什么特点？·················66
- 2-37 驾驶辅助、自动驾驶与无人驾驶有什么区别？·················66
- 2-38 ADAS 包括哪些方面的驾驶辅助功能？·················67

第 3 章 汽车发动机 ·················71

- 3-1 汽车发动机有哪些类型？·················71
- 3-2 什么是四冲程发动机？它是怎样工作的？·················72
- 3-3 汽油发动机的结构是怎样的？·················73
- 3-4 柴油发动机的结构是怎样的？·················75
- 3-5 汽车发动机活塞行程、排量、压缩比、空燃比分别指的是什么？·················76
- 3-6 水平对置式发动机有些什么特点？·················77
- 3-7 转子发动机结构是怎样的？是如何工作的？·················79
- 3-8 阿特金森发动机是什么样的发动机？有什么特点？·················80
- 3-9 涡轮增压器是什么部件？是怎样工作的？·················81
- 3-10 什么是机械增压器？罗茨式增压器的结构是怎样的？·················82
- 3-11 缸内直喷是什么技术？是怎样工作的？·················85
- 3-12 气门正时与升程可变是什么技术？是怎样工作的？·················86
- 3-13 气缸关闭是什么技术？是怎样工作的？·················87

第 4 章 新能源汽车 ·················90

- 4-1 什么是能源与新能源？·················90
- 4-2 什么是新能源汽车？有哪些类型？·················90
- 4-3 电动汽车为什么会兴起？·················92
- 4-4 电动汽车与燃油汽车相比有什么区别？·················92
- 4-5 电动汽车有哪些优势？·················93
- 4-6 纯电动汽车有些什么特点？·················94
- 4-7 纯电动汽车的内部结构是怎样的？·················94

4-8 纯电动汽车是怎样工作的? ……95
4-9 纯电动汽车有变速器吗? 它的变速机构有什么特点? ……96
4-10 测试电动汽车续驶里程的 NEDC、WLTP、CLTC、EPA 标准各是怎样的? ……97
4-11 增程式电动汽车的结构是怎样的? ……98
4-12 增程式电动汽车是如何工作的? ……99
4-13 插电混动汽车的结构是怎样的? ……101
4-14 插电混动汽车是如何工作的? ……101
4-15 什么是混动汽车? 有什么特点? ……103
4-16 混动汽车有哪些类型? ……104
4-17 轻混系统的结构形式是怎样的? 有什么特点? ……105
4-18 轻混系统是如何工作的? ……105
4-19 中度混动汽车结构是怎样的? ……106
4-20 完全混合动力系统结构是怎样的? 有什么特点? ……107
4-21 并联式混合动力系统结构是怎样的? 有什么特点? ……107
4-22 串联式混合动力系统结构是怎样的? 有什么特点? ……108
4-23 混联式混合动力系统结构是怎样的? 有什么特点? ……109
4-24 混串联式混合动力系统结构是怎样的? 有什么特点? ……110
4-25 什么是燃料电池? ……111
4-26 常见的质子交换膜燃料电池是如何工作的? ……111
4-27 燃料电池汽车结构有什么特点? ……112
4-28 氢燃料电池汽车是如何工作的? ……113

第 5 章　电动汽车补能技术 ……115

5-1 电动汽车是如何补充电能的? ……115
5-2 电动汽车有哪些充电方式? ……115
5-3 电动汽车是怎样充电的? ……116
5-4 交流充电（慢充）是怎样充电的? ……118
5-5 直流充电（快充）是怎样充电的? ……118
5-6 车载充电机是如何工作的? ……119
5-7 DC/DC 变换器有什么作用，是怎样工作的? ……120
5-8 制动能量回收是什么技术? ……120

第 6 章　汽车购买指南 ……122

6-1 怎样区分乘用车和商用车? ……122
6-2 微型车、SRV、CUV、SUV、MPV 及旅行车是什么样的车型? ……122
6-3 我国乘用车车型等级是怎样划分的? ……124
6-4 常说的德系车、美系车、日系车是什么意思? 海外有哪些汽车品牌? ……125
6-5 我国传统车企汽车品牌有哪些? ……128

6-6 我国"造车新势力"汽车品牌有哪些？·················130
6-7 手动档、自动档、手自一体汽车有什么来由？·················131
6-8 面包车、两厢车、三厢车还有敞篷车分别指什么样的汽车？·················131
6-9 汽车车辆识别码（VIN）包含哪些信息？·················132
6-10 我国燃油汽车的牌照是怎样的？·················135
6-11 我国新能源汽车牌照是怎样的？·················136
6-12 我国汽车车牌号的编号规则是怎样的？·················136
6-13 选购汽车时主要了解哪些车身参数？·················136
6-14 汽车性能参数主要有哪些？·················138
6-15 新能源汽车与燃油汽车如何选择？·················138
6-16 怎样选购纯电动汽车？·················139
6-17 怎样选购混合动力汽车？·················141

第 7 章 汽车使用技巧 ·················142

7-1 燃油汽车在新车磨合期使用要注意些什么？·················142
7-2 积炭对汽车发动机有何影响？如何避免积炭形成？·················142
7-3 汽车刮水器工作异常怎么办？要怎样正确使用？·················143
7-4 如何为电动汽车充电？·················143
7-5 电动汽车如何防止过充电过放电？·················145
7-6 电动汽车使用要注意哪些事项？·················146
7-7 电动汽车与燃油汽车的使用成本怎样计算？·················146
7-8 电动汽车的"单踏板模式"是什么工作原理？如何安全使用？·················148
7-9 电动汽车怎样驾驶能省电？·················149
7-10 燃油汽车怎样驾驶能节油？·················150

第 8 章 汽车保养方法 ·················151

8-1 电动汽车有哪些高压安全策略？·················151
8-2 高压电对人体有什么危害？·················153
8-3 电动汽车高压维护作业安全要注意些什么？·················153
8-4 电动汽车怎样保养？·················154
8-5 燃油汽车怎样保养？·················155
8-6 电动汽车定期检查项目有哪些？·················156
8-7 汽车轮胎异常磨损是怎么形成的？安装轮胎要注意什么？·················157
8-8 铝合金轮辋为什么会腐蚀？应怎样保养？·················158

附 录 常见汽车英文标识释义 ·················159

参考文献 ·················162

第1章 汽车机械基础

 燃油汽车由哪些部分组成？

传统的燃油汽车由发动机、底盘、车身、电气四大系统组成，如图 1-1 所示。

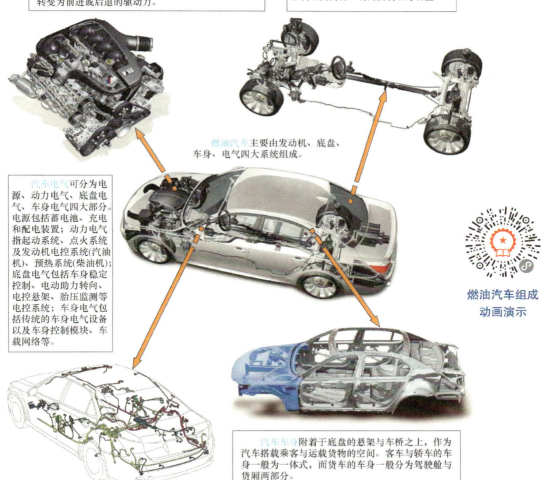

汽车发动机是汽车的"心脏"，为汽车行驶提供动力，燃料在发动机内部燃烧，燃烧过程中产生的热能转变为机械能，再通过传动机构输送到驱动车轮上，转变为前进或后退的驱动力。

汽车底盘由传动、行驶、转向、制动四个系统组成，主要完成动力传递、搭载乘员货物、转向及制动等功能。

燃油汽车主要由发动机、底盘、车身、电气四大系统组成。

汽车电气可分为电源、动力电气、底盘电气、车身电气四大部分。电源包括蓄电池、充电和配电装置；动力电气指起动系统、点火系统及发动机电控系统(汽油机)、预热系统(柴油机)；底盘电气包括车身稳定控制、电动助力转向、电控悬架、胎压监测等电控系统；车身电气包括传统的车身电气设备以及车身控制模块、车载网络等。

汽车车身附着于底盘的悬架与车桥之上，作为汽车搭载乘客与运载货物的空间。客车与轿车的车身一般为一体式，而货车的车身一般分为驾驶舱与货厢两部分。

图 1-1 燃油汽车的基本组成

燃油汽车组成动画演示

燃油汽车各总成部件分解后的实体效果图如图 1-2 所示。

现代燃油汽车
全车拆解视频

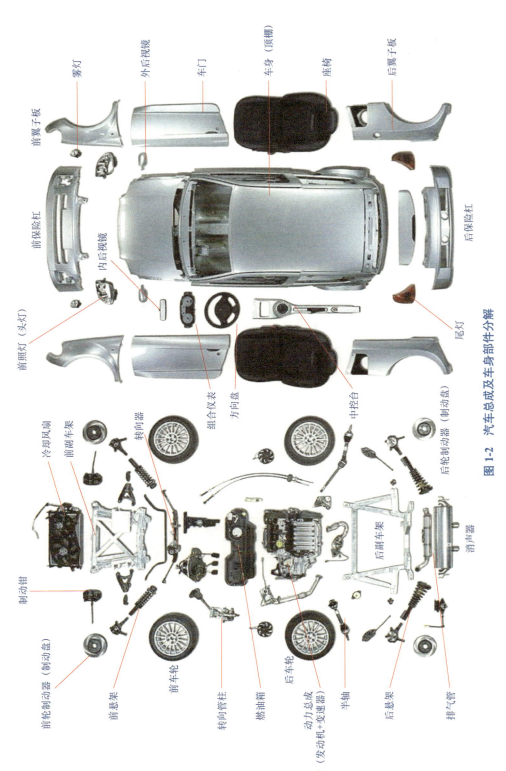

图 1-2　汽车总成及车身部件分解

1-2 燃油汽车是怎样工作的？

发动机的转矩经由传动系统在驱动车轮上施加一个驱动力矩，从而驱动车轮转动。汽车在行驶过程中会受到各种行驶阻力。汽车在水平道路上匀速行驶时，必须克服来自地面的滚动阻力和来自空气的阻力。当汽车上坡时，还必须克服重力沿坡道的分力，即上坡阻力。当汽车加速行驶时，还需要克服其惯性力，称为加速阻力。

发动机输出的动力，先经过离合器（采用手动变速器的车型），由变速器变矩和变速后，经传动轴把动力传递到主减速器上，最后通过差速器和半轴把动力传递到驱动轮上，其动力传递路径如图 1-3 所示。

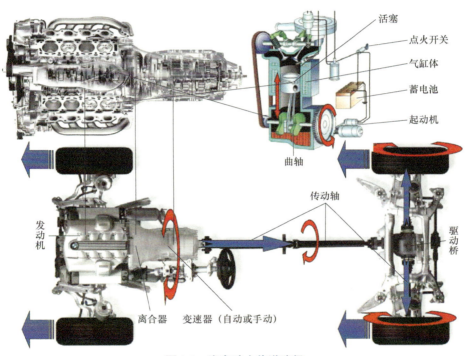

图 1-3 汽车动力传递路径

1-3 汽车有哪些传动方式？

汽车传动系的布置形式随着汽车的用途、发动机的结构和安装位置不同而不同。汽车上广泛采用的传动系布置形式有：发动机前置前轮驱动（FF）、发动机前置后轮驱动（FR）、发动机后置后轮驱动（RR）、发动机中置后轮驱动（MR）及四轮驱动（4WD）等，各种布置形式示例如图 1-4 所示。

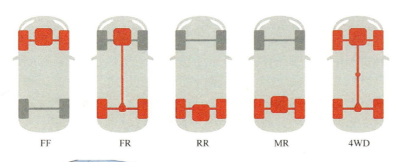

前置前驱型(FF)：紧凑级、中级车最常用的驱动形式，一般变速器与驱动桥的差速器装于一起，故称变速驱动桥。

前置后驱型(FR)：豪华、运动型车中最常见的驱动形式。发动机输出的转矩经离合器与变速器，再经传动轴传到后驱动桥上，驱动后轮。

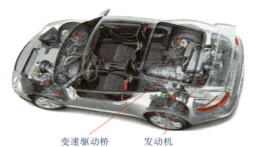

后置后驱型(RR)：在跑车(如保时捷)中多见，发动机位于后桥后方，通过变速器驱动后桥。

中置后驱型(MR)：多见于跑车中，发动机位于前/后桥的中部，通过变速器驱动后轮。

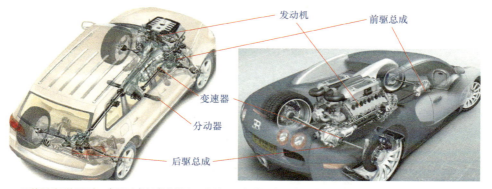

四轮驱动型(4WD)：多用于高级豪华轿车、高端SUV与越野型车中，为了分配动力，一般配置有分动器或轴间差速器。

图 1-4　汽车传动系统常见布置形式

1-4 汽车离合器是怎样工作的？

汽车离合器位于发动机和变速器之间的飞轮壳内，如图 1-5 所示，将离合器总成固定在飞轮的后平面上，离合器的输出轴就是变速器的输入轴。在汽车行驶过程中，驾驶员可根据需要踩下或松开离合器踏板，使发动机与变速器暂时分离和逐渐接合，以切断或传递发动机向变速器输入的动力。

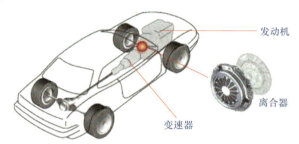

图 1-5　汽车离合器安装位置

汽车离合器有摩擦式离合器（多用于手动变速器与双离合变速器）、液力变矩器由液力耦合器发展而来，多用于自动变速器与无级变速器、电磁离合器等。摩擦式离合器又分为湿式和干式两种。与手动变速器相配合的绝大多数离合器为干式摩擦式离合器，根据其从动盘的数目，又分为单盘式、双盘式和多盘式等。离合器内部结构及组成部件如图 1-6 所示。

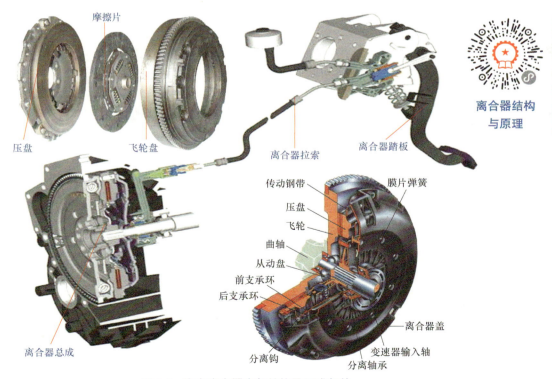

图 1-6　汽车离合器内部结构及组成部件

湿式摩擦式离合器一般为多盘式的，浸在油中以便于散热。采用若干个螺旋弹簧用于压紧，并将这些弹簧沿压盘圆周分布的离合器称为周布弹簧离合器。采用膜片弹簧作为压紧弹簧的离合器称为膜片弹簧离合器。

离合器主要由主动部分（飞轮、离合器盖等）、从动部分（摩擦片）、压紧机构（膜片弹簧）和操纵机构四部分组成。组成部件如图1-7所示。

离合器盖通过螺栓固定在飞轮的后端面上，离合器内的摩擦片在弹簧的作用力下被压盘压紧在飞轮面上，而摩擦片与变速器的输入轴相连。通过飞轮及压盘与从动盘接触面的摩擦，将发动机输出的转矩传递给变速器。

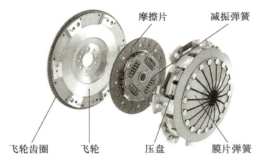

图1-7　干式膜片弹簧离合器

在没踩下离合器踏板前，摩擦片是紧压在飞轮端面上的，发动机的动力可以传递到变速器。当踩下离合器踏板后，通过操作机构，将力传递到分离叉和分离轴承，分离轴承前移将膜片弹簧往飞轮端压紧，膜片弹簧以支撑圈为支点向相反的方向移动，压盘离开摩擦片，这时发动机动力传输中断；当松开离合器踏板后，膜片弹簧重新回位，离合器重新结合，发动机动力继续传递。离合器工作过程如图1-8所示。

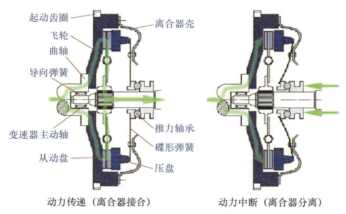

图1-8　离合器工作过程

1-5　汽车变速器有哪些类型？

汽车变速器按布置方式可分为横置和纵置两种类型，横置型变速器一般整合了差减器总成，多用于发动机前置前驱车型；纵置型变速器一般通过传动轴连接后驱动桥，多用于发动机前置后驱车型，如图1-9所示。汽车变速器根据控制方式的不同可分为手动变速器(MT)和自动变速器(AT)。广义的自动变速器包括以下几种类型：电子液压式自动变速器(EAT)、双离合器变速器（DCT）、无级变速器(CVT)和自动机械式变速器(AMT)。

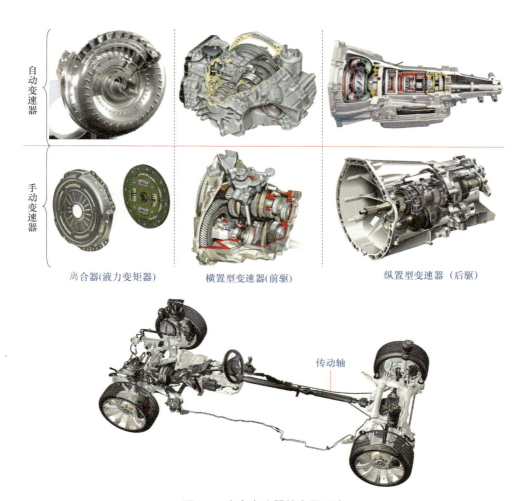

图 1-9 汽车变速器的布置形式

1-6 手动变速器有什么特点？是怎样工作的？

手动变速器（Manual Transmission，MT）又称机械式变速器，即必须用手拨动变速杆（俗称"档把"）才能改变变速器内的齿轮啮合位置，改变传动比，从而达到变速的目的。手动变速在操纵时必须踩下离合器，方可拨得动变速杆。最常见的手动变速器多为 5 档位（5 个前进档加 1 个倒档），也有的汽车采用 6 档位变速器（6 个前进档加 1 个倒档），变速杆档位分布如图 1-10 所示。

手动变速器由变速传动机构、变速器壳体、操纵机构组成。按照轴的形式可以分为固定轴式（齿轮的旋转轴线固定不动）和旋转轴式（齿轮的旋转轴线也是转动的，如行星齿轮变速器），其中固定轴式手动变速器可以根据轴数的不同，分为两轴式、中间轴式、双中间轴式、多中间轴式。手动变速器是利用大小不同的齿轮配合而实现变速的，以两轴式五档手动变速器为例，各档位动力传递路径如图 1-11 所示。

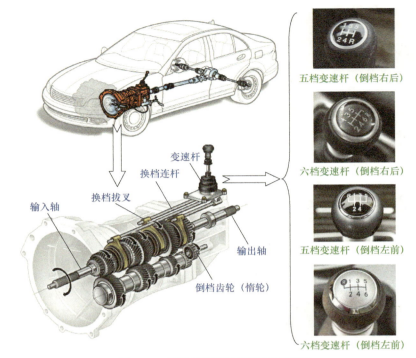

图 1-10　手动变速器安装位置与结构

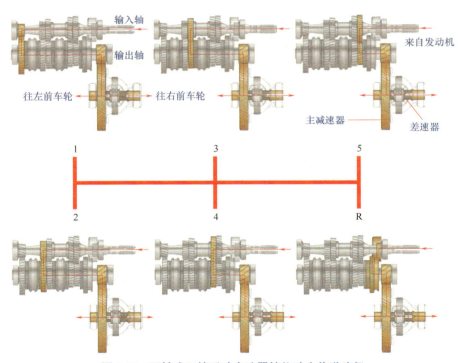

图 1-11　两轴式五档手动变速器档位动力传递路径

以大众 02M 变速器为例，三轴式六档手动变速器档位动力传输路径如图 1-12 所示。

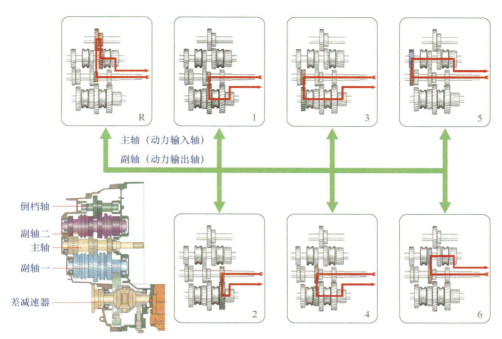

图 1-12　三轴式六档手动变速器档位动力传输路径

1-7 自动变速器有什么特点？是怎样工作的？

和手动档汽车不同，自动档汽车的发动机和变速器之间没有传统意义上的离合器，取而代之的是液力变矩器（主要应用于行星齿轮式自动变速器与部分无级变速器）。液力变矩器靠工作液（油液）传递转矩，外壳与泵轮连为一体，是主动件；涡轮与泵轮相对，是从动件。当泵轮转速较低时，涡轮不能被带动，主动件与从动件之间处于分离状态；随着泵轮转速的提高，涡轮被带动，主动件与从动件之间处于接合状态。液力变矩器组成部件及内部结构如图 1-13 所示。

液力变矩器构造原理

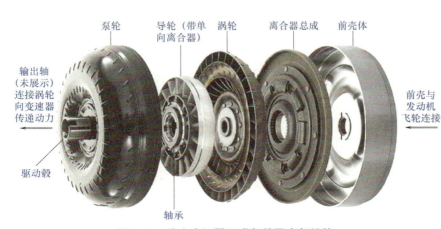

图 1-13　液力变矩器组成部件及内部结构

行星齿轮变速器是用行星齿轮机构实现变速的变速器。它通常装在液力变矩器的后面，共同组成液力自动变速器，变速器内部结构如图1-14所示。行星齿轮机构因类似于太阳系而得名。它的中央是太阳轮，太阳轮的周围有几个围绕它旋转的行星轮，行星轮之间，有一个共用的行星架。行星轮的外面，有一个大齿圈。应用较多的行星齿轮组有辛普森（Simpson gearset）齿轮机构、拉威挪（Ravigneaux gearset）齿轮机构和莱派特（Le Pelletier gearset）齿轮机构。

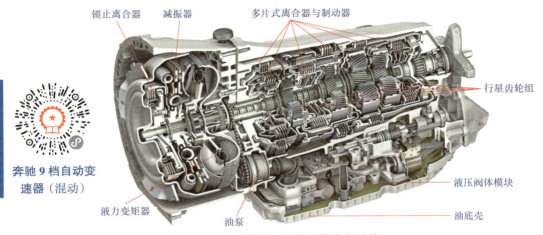

图1-14 变速器内部结构

奔驰9档自动变速器（混动）

自动变速器由自动变速器ECU、传感器与控制开关、电磁阀体及行星齿轮机构等部分组成，如图1-15所示。其主要特点是实现了微处理器控制、传感器技术和电机执行等技术与动力传动系统工况的结合，通过传感器和电控单元，模拟电子信号输出来控制变速器，实现起步、换档和驻车的电子化。自动变速器电控系统采用电子换档器自动切换档位。由ECU根据节气门开度和车速决定，换档器自动换入不同档位工作，无须人为控制。带有手动模式的手自一体式变速器则在切换至手动模式时，可以根据驾驶员的换档意图人为控制降档或升档操作。

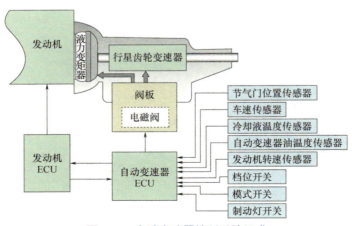

图1-15 自动变速器控制系统组成

1-8 双离合器变速器有什么特点？是怎样工作的？

双离合变速器有别于一般的自动变速器，它基于手动变速器的结构既拥有手动变速器的灵活性又具备自动变速器的便利性，还能提供几乎无间断的动力输出。它分为湿式双离合变速器、干式双离合变速器，其不同之处在于双离合器摩擦片的冷却方式：湿式离合器的两组离合器片在一个密封的油槽中，通过浸泡着离合器片的变速器油吸收热量，而干式离合器的摩擦片则没有密封油槽，需要通过风冷散热。

双离合变速器在不同的汽车厂商中有着不同的名称：大众称为 DSG（Direct Shift Gearbox）；奥迪称为 S Tronic；宝马称为 M DKG（Doppel Kupplung Getriebe）或 M-DCT（Dual Clutch Transmission）；福特、沃尔沃称为 PowerShift；保时捷称为 PDK（Porsche Doppel Kupplung）；部分品牌汽车称为 DCT（Dual Clutch Transmission）。双离合器变速器的结构如图 1-16 所示。

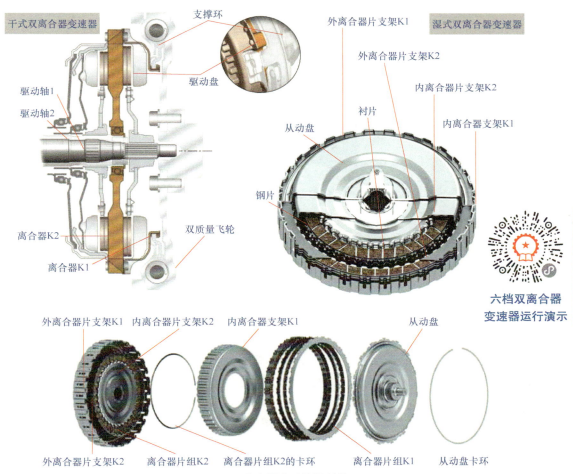

图 1-16 双离合器变速器的结构

图 1-17 所示是一个大众六档和七档 DSG 双离合变速器的工作原理图。六档 DSG 的离合器 1 控制 1、3、5 及倒档，离合器 2 控制 2、4、6 档的切换；七档 DSG 的离合器 1 负责

控制 1、3、5、7 档；离合器 2 负责控制 2、4、6 和倒档。

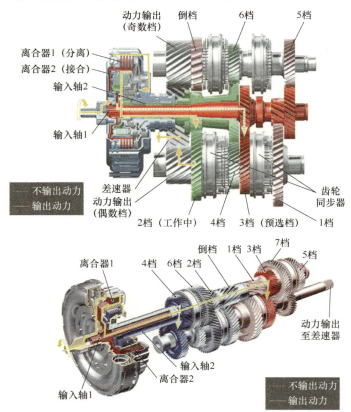

图 1-17　六档和七档 DSG 双离合变速器工作原理

7 档 DSG 是采用三根轴的全同步滑动套筒变速器。这款变速器可以看作由两个完全独立的分变速器构成。每个分变速器的工作原理与传统手动变速器相同并各自配有一个膜片式离合器。两个膜片式离合器由机械电子单元根据挂入的档位接合和断开。挂入 1、3、5 或 7 档时通过离合器 K1 进行动力传输。挂入 2、4、6 或倒车档时通过离合器 K2 进行动力传递，动力传递原理如图 1-18 所示。

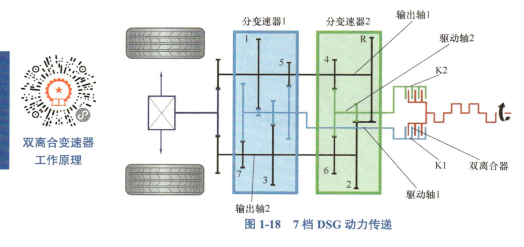

图 1-18　7 档 DSG 动力传递

1-9 无级变速器有什么特点？是怎样工作的？

钢带式无级变速器在片状钢带上镶上许多 V 形钢片，用它来传递动力。这种新型无级变速器还装有由电子控制单元控制的液压调整和变速比调整机构，可以根据驾驶员的意图（节油或大动力）及发动机的工作状况，把速比自动调整到最佳状态。

无级变速器（CVT，Continuously Variable Transmission）采用传动带和可变槽宽的棘轮进行动力传递，即当棘轮变化槽宽时，相应改变驱动轮与从动轮上传动带的接触半径进行变速，其内部结构如图 1-19 所示。

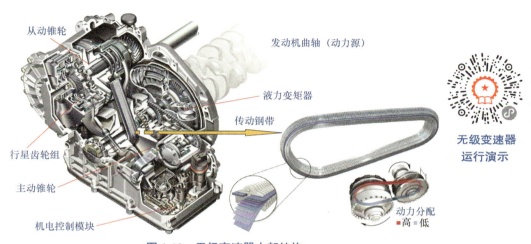

图 1-19　无级变速器内部结构

变速器传动比变小（低速档）时，主控电磁阀将机油压力施加至压力阀，所需的机油压力经压力阀供至带轮套件。主带轮套件上的油压下降会导致可移动带轮从固定带轮移开；从而减少传动钢带的主工作半径。同时，副带轮装置上的可移动带轮向固定带轮移动，从而增加副侧的工作半径。

变速器传动比变大（高速档）时，无级变速器控制单元通过主控电磁阀促动主压力阀。这会使主动带轮套件被施加更高的压力。施加的压力使得主带轮套件的可移动带轮移向固定带轮；从而增大传动钢带的主工作半径。同时，副带轮套件的可移动带轮移向固定带轮，从而减少了传动钢带的副工作半径。

无级变速器传动比变化原理示意如图 1-20 所示。

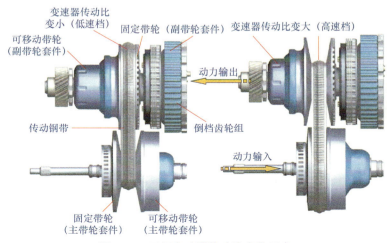

图 1-20　无级变速器传动比变化示意

1-10 燃油汽车四轮驱动有哪些类型？

四轮驱动，顾名思义就是采用四个车轮作为驱动轮，简称四驱（4 Wheel Drive，4WD），也有称为全轮驱动的，英文简称 AWD，或车身标记为 4×4，都表示该车带有四驱功能。由于四驱汽车的四个车轮都可以驱动汽车，如果在一些复杂路段出现前轮或后轮打滑时，另外两个车轮还可以继续驱动汽车行驶，有利于摆脱困境。在冰雪或湿滑路面行驶时，也不容易出现打滑现象，比一般的两驱车型稳定。

燃油汽车四驱车型常见有发动机横置配变速驱动桥加后驱与发动机纵置配变速器分前后驱两种形式，如图 1-21 所示。

奔驰宝马奥迪
四轮驱动技术

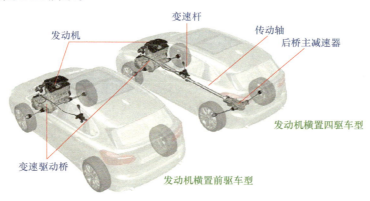

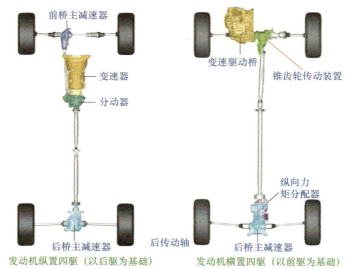

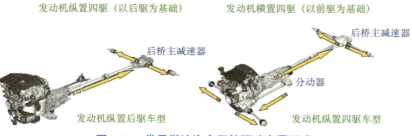

图 1-21　常见燃油汽车四轮驱动布置形式

1-11 适时四驱车型有什么特点？

适时四驱只有在适当的情况下，才会转换成四轮驱动，在其他驾驶情况下仍然是两轮驱动。适时四驱系统会根据车辆的行驶路况，自动切换为两驱或四驱模式的，不需要人为操作。适时四驱示例车型如图 1-22 所示。

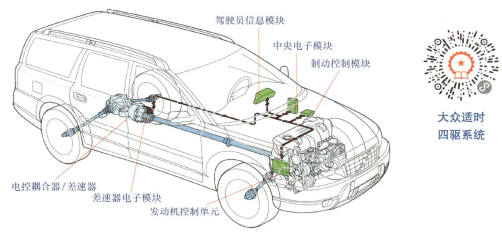

图 1-22 适时四驱车型布置形式

1-12 全时四驱车型有什么特点？

全时四驱指的是车辆在整个行驶过程中一直保持四轮驱动的形式，发动机输出转矩以固定的比例分配到前后轮，这种驱动模式能随时拥有较好的越野和操控性能，但不能够根据路面情况做出转矩的分配，并且油耗较高。全时四驱示例车型布置形式如图 1-23 所示。

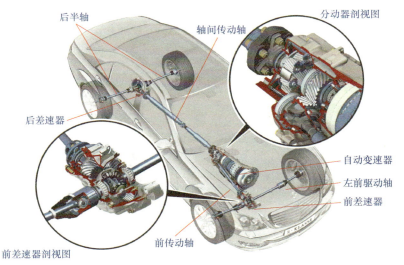

图 1-23 全时四驱车型布置形式

1-13　分时四驱车型有什么特点？

分时四驱（Part-Time 4WD）是指可以由驾驶员根据路面情况，通过接通或断开分动器来变换车辆的两驱或四驱模式。分时四驱通常只利用后轮来行驶以降低油耗，在积雪或石砾路面上能切换成四轮驱动来行使，提高车辆通过性。分时四驱示例车型布置形式如图1-24所示。

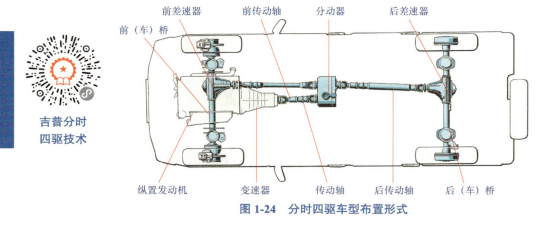

图 1-24　分时四驱车型布置形式

1-14　电动四驱有些什么特点？和燃油汽车相比有些什么区别？

因为驱动电机体积小，所以电动四驱可以根据车型的需要将驱动电机灵活布置于前后桥甚至轮毂上面，通过单电机加传动轴、前后双电机同时驱动等结构来实现四轮驱动。电动四驱的常见布置形式示例如图1-25所示。

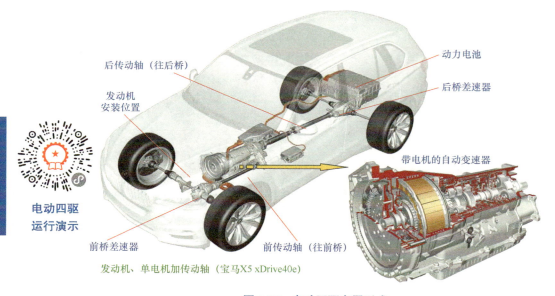

图 1-25　电动四驱布置形式

第 1 章 汽车机械基础　17

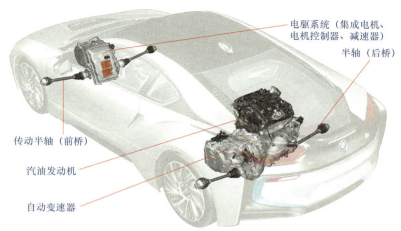

发动机加前后双电机（宝马i8）

前后双电机（奥迪e-tron）

图 1-25　电动四驱布置形式（续）

与燃油汽车相比较，电动四驱可取消结构复杂的变速器、分动器等零部件，使得结构更简单，传动效率更快；电动四驱直接通过控制前后轴的电机来分配动力，相比于机械传动，响应速度更快、更精准；电动四驱因为能适配不同车型，所以也就不需要像燃油车那样考虑传动轴长度以及分动器、差速锁的布置问题。

1-15　什么是悬架？独立悬架与非独立悬架有什么区别？

悬架系统是汽车的车架与车桥或车轮之间的一切传力连接装置的总称，其功能是传递作用在车轮和车架之间的力和力矩，并且缓冲由不平路面传给车架或车身的冲击力，以及衰减由此引起的振动，以保证汽车平顺行驶。图 1-26 所示为汽车悬架总成安装位置。

汽车的悬架系统分为非独立悬架和独立悬架两种，非独立悬架的车轮装在一根整体车轴的两端，当一边车轮跳动时，另一侧车轮也相应跳动，在现在的轿车中基本上已不再使用，多用在货车和客车上，如整体桥式。独立悬架的车轴分成两段，每只车轮由弹簧独立安装在车架下面，当一边车轮发生跳动时，另一边车轮不受影响，两边的车轮可以独立运动，独立悬架系统又可分为麦弗逊式、双叉臂式、多连杆式、扭杆梁式（也被称为半独立悬架）等。

悬架运动特性及类型示例如图 1-27 所示。

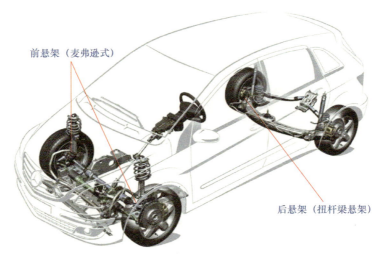

图 1-26　汽车悬架总成安装位置

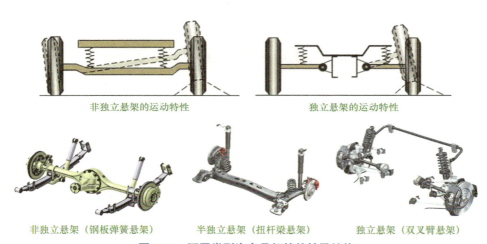

图 1-27　不同类型汽车悬架的特性及结构

1-16　麦弗逊悬架有什么特点？结构是怎样的？

麦弗逊是美国人，1891 年生。1924 年他加入了通用汽车公司的工程中心。20 世纪 30 年代，通用的雪佛兰分部设计了一种真正的小型汽车，总设计师就是麦弗逊。麦弗逊一改当时盛行的板簧与扭杆弹簧的前悬架设计，创造性地将减振器和螺旋弹簧组合在一起，装在前轴上。实践证明这种悬架形式的构造简单，占用空间小，而且操纵性很好。后来，麦弗逊又在福特公司工作，1950 年福特在英国的子公司生产的两款车，是世界上首次使用麦弗逊悬架的商品车。

麦弗逊式悬架是当今应用最广泛的汽车悬架之一，一般用于轿车的前轮。麦弗逊式悬架由螺旋弹簧、减振器和三角形下摆臂组成，绝大部分车型还会加装横向稳定杆。麦弗逊式前悬架的组成部件及结构形式如图 1-28 所示。

图 1-28　麦弗逊悬架的组成部件及结构形式

1-17　双叉臂悬架有什么特点？结构是怎样的？

双叉臂悬架是独立悬架的一种，也叫双摆臂、双愿骨（double wish bone）悬架，双叉臂悬架拥有上下两个不等长的摆臂，双叉臂的摆臂有 A 字形和 V 字形。双叉臂的上下两个摆臂以一定的距离，分别安装在车轮上，另一端安装在车架上。双叉臂悬架结构形式如图 1-29 所示。

图 1-29　双叉臂悬架（大众途锐前悬架）

1-18　多连杆悬架有什么特点？结构是怎样的？

多连杆独立悬架是由连杆、减振器和弹簧组成的。它的连杆比一般悬架要多些，按惯例，一般都把具备 4 个或更多连杆结构的悬架称为多连杆。多连杆悬架连杆数量多，这样就可以保证车轮和地面较大的接触面积，所以平顺性和舒适性比较好。四连杆式悬架结构形式及组成部件如图 1-30 所示。

图 1-31 所示为五连杆悬架，五连杆悬架一般用于后轮，并且可以布置后轮转向装置。

多连杆后悬架

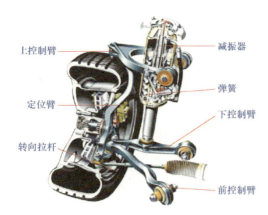

图 1-30　四连杆悬架

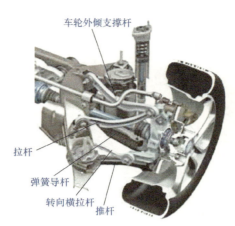

图 1-31　五连杆悬架

1-19　扭杆梁悬架有什么特点？结构是怎样的？

汽车悬架的金属弹簧有三种形式，分别是螺旋弹簧、钢板弹簧和扭杆弹簧。扭杆弹簧一端与车架固定连接，另一端与悬架控制臂连接，通过扭杆的扭转变形达到缓冲作用。扭杆用合金弹簧钢做成，具有较高的弹性，既可扭曲变形又可复原，起到了控制轮胎轨迹以及横向稳定杆的作用。扭杆梁悬架如图 1-32 所示。

扭杆梁悬架特点

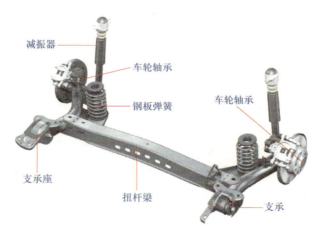

图 1-32　扭杆梁悬架

1-20　汽车车轮的结构是怎样的？

车轮通常由两个主要部件轮辋和轮辐组成，轮辋是在车轮上安装和支承轮胎的部件，轮辐是在车轮上介于车轴和轮辋之间的支承部件。车轮除上述部件外，有时还包含轮毂。车轮结构如图 1-33 所示。

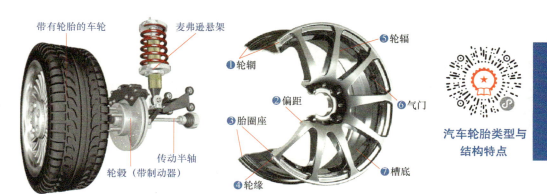

图 1-33　车轮结构

轮辋在车轮上周边安装和支撑轮胎的部件，与轮辐组成车轮。轮辋和轮辐可以是整体式的、永久连接式的或可拆卸式的。

轮辐是保护车辆车轮的轮圈、辐条的装置，其特征是一对圆形罩板，罩板的直径和轮圈的直径接近。按照轮辐的结构，车轮分为辐板式和辐条式，目前主流的家用轿车均采用辐板式轮辐结构。

轮毂是轮胎内廓支撑轮胎的圆桶形的、中心装在轴上的金属部件。轮毂根据直径、宽度、成形方式、材料不同，种类繁多。

1-21　汽车轮胎的参数有什么含义？

在轮胎侧面，子午线轮胎有"Radial"字样，无内胎轮胎有"Tubeless"字样。汽车轮胎常见标识及含义如图1-34所示。轮胎负重指数与速度等级见表1-1。

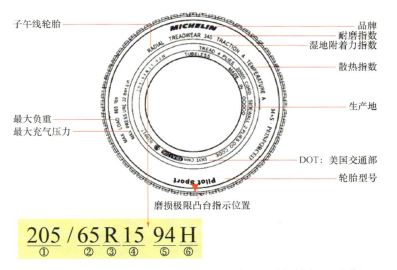

①205：断面宽的通称（mm）；②65：扁平率的通称（%）；③R：轮胎构造标记（子午线）；
④15：轮辋直径的通称（in）；⑤94：载重指数（见表1-1）；⑥H：速度记号（210km/h，见表1-1）

图 1-34　轮胎上标识含义

表 1-1　轮胎负重指数与速度等级参数

载重指数	每条轮胎载重/kg	载重指数	每条轮胎载重/kg	载重指数	每条轮胎载重/kg	载重指数	每条轮胎载重/kg	载重指数	每条轮胎载重/kg	速度符号	速度/(km/h)
										J	100
										K	110
62	265	75	387	88	560	101	825	114	1180	L	120
63	272	76	400	89	580	102	850	115	1215	M	130
64	280	77	412	90	600	103	875	116	1250	N	140
65	290	78	425	91	615	104	900	117	1285	P	150
66	300	79	437	92	630	105	925	118	1320	Q	160
67	307	80	450	93	650	106	950	119	1360	R	170
68	315	81	462	94	670	107	975	120	1400	S	180
69	325	82	475	95	690	108	1000	121	1450	T	190
70	335	83	487	96	710	109	1030	122	1500	H	210
71	345	84	500	97	730	110	1160	123	1550	V	240
72	355	85	515	98	750	111	1090	124	1600	W	270
73	365	86	530	99	775	112	1120	125	1650	Y	300
74	375	87	545	100	800	113	1150			VR	>210
										ZR	>240

轮胎生产日期标识位置及含义如图 1-35 所示。

DOT 表示此轮胎符合美国交通部（U. S. Department of Transportation，DOT）规定的安全标准。DOT 后面紧挨着的 11 位数字及字母则表示此轮胎的识别号码或序列号。各种强制认证标识如图 1-36 所示。

中国强制性产品认证（China Compulsory Certification，CCC），简称 3C 认证。图中的 S 表示安全认证。

0803：制造日期为2003年第8周

图 1-35　DOT 标志与生产日期标识

In metro（巴西）

ECE（欧洲）

CCC（中国）

图 1-36　强制认证标识

1-22　轮胎动平衡有什么作用？

轮胎是由胎面和轮毂组合而成的一个整体，由于制造工艺的原因，导致轮胎这个整体各部分的质量分布不可能非常均匀。而在高速转动时轻微的重量差都会导致轮胎的不平衡转动。四轮不平衡的转动会使车轮摇摆、跳动（直观感受为高速行驶时方向盘抖动），令轮胎产生波浪形磨损，降低汽车行驶的稳定性。

车轮动平衡分为两种，分别是"静平衡"和"动平衡"，静平衡是指车轮的重心与旋转轴心在同一线上，停止转动时的位置是任意的；如果一个车轮每次停止转动时的位置都是相同的，则说明该车轮是静不平衡。动平衡是指车轮转动过程中所表现出的现象，由于质量相对车轮的对称面不对称，当车轮高速转动时就会跳动。这就是车轮动不平衡现象。

为了防止轮胎的不平衡转动，车辆在出厂时就会对每个轮胎进行动平衡校准，贴上平衡块，保证高速转动的轮胎平衡平稳的工作，轮胎平衡块的安装位置如图 1-37 所示。

图 1-37 轮胎平衡块的安装位置

1-23 车轮定位有什么作用？

由于车辆的四轮、转向机构、前后车轴之间的安装应具有一定的相对位置，这个相对位置是由厂家制定的标准值。调整恢复这个位置的安装，就是四轮定位。车轮定位的作用是使汽车保持稳定的直线行驶和转向轻便，并减少汽车在行驶中轮胎和转向机件的磨损。前轮定位包括主销后倾角（图 1-38）、主销内倾角（图 1-39）、前轮外倾角和前轮前束四个内容。后轮定位包括车轮外倾角和逐个后轮前束。

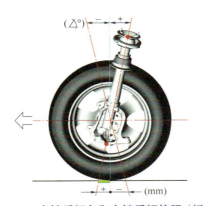

图 1-38 主销后倾角和主销后倾偏距（绿）

主销后倾角
主销后倾是指在车辆纵轴方向上，转轴轴线与经过车轮中心的路面垂直线之间形成的倾角。
主销后倾偏距是指转轴轴线与经过车轮中心的垂直线在路面上所形成的交点间的距离。
主销后倾为正时，车轮接地点在转轴与路面的交点之后（车轮被拉动）。正的主销后倾有助于提升车辆转向稳定性。
主销后倾为负时，车轮接地点在转轴与路面的交点之前（车轮被推动）。负的主销后倾有利于提供转向轻便性。
正的主销后倾有助于车轮回转到直线行驶位置。主销后倾误差将导致车辆"跑偏"。

图 1-39　主销内倾角

主销内倾角

主销内倾角是指在车辆横向方向上，转轴（减震支柱转轴）中心线与路面垂直线之间的夹角。

在麦弗逊式独立悬架上，主销内倾角与车轮外倾角形成的总角度（夹角）在弹簧压缩与伸长时保持不变。

车轮转动一个角度时，主销内倾角使车辆升高。主销内倾角产生回转力，驶过弯道后回转力使车轮和方向盘重新回到直线行驶位置。主销内倾角误差将导致车辆跑偏。

主销横偏距

主销横偏距是指从车轮接地面与车轮中心平面的交线至减振器支柱转轴与地面交点间的距离。车辆不同，主销横偏距可以为正、负或零。

主销横偏距为正且较大时，滚动阻力对已转向的车轮影响较大。路面附着系数不断变化或车轮负荷不同时，受影响较大的车轮将承担导向任务。这会造成方向稳定性变差。如今从设计上已尽可能采用较小的主销横偏距，如图 1-40 所示。

$R_0>0$　　$R_0<0$　　$R_0=0$

图 1-40　主销横偏距

车轮外倾角是车轮中心平面与垂直面的倾斜角，如图 1-41 所示。车轮上部向外倾斜时，车轮外倾角为正。车轮上部向内倾斜时，车轮外倾角为负。车轮外倾角误差将导致车辆持续"跑偏"。前桥调整为负车轮外倾角时，会使车辆行驶特性表现为过度转向。前桥调整为正车轮外倾角时，会使车辆行驶特性表现为不足转向。

一个车桥的总前束由该车桥上两车轮之间前部距离与后部距离的差值确定，如图 1-42 所示。在轮辋边缘处测量距离。前桥上的单个车轮前束是指单个车轮相对几何行驶轴线的夹角。后桥上的单个车轮前束是指单个车轮相对车辆纵向中心平面的夹角。前束误差不会导致车辆持续"跑偏"。

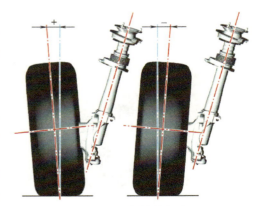

图 1-41　车轮外倾角

图 1-42 总前束（c+d）=a−b

1-24 汽车制动系统由哪些部分组成？是如何工作的？

制动系统的作用就是让行驶中的汽车按驾驶员意愿进行减速甚至停车。工作原理就是将汽车的动能通过摩擦转换成热能。汽车制动系统主要由供能装置、控制装置、传动装置和制动器等部分组成，如图 1-43 所示。

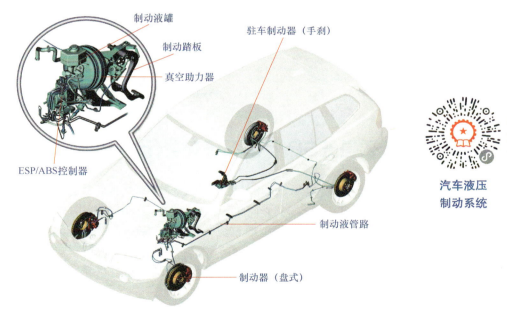

图 1-43 汽车制动系统部件

汽车液压制动系统

制动踏板被踩下后，在真空助力器的帮助下，推动制动总泵活塞运动，于是油路油压形成压力，通过制动液传递到每个车轮的制动器活塞，利用制动块夹紧制动盘，产生摩擦，开成使车辆减速或停止的制动力矩。系统组成如图 1-44 所示，系统原理如图 1-45 所示。

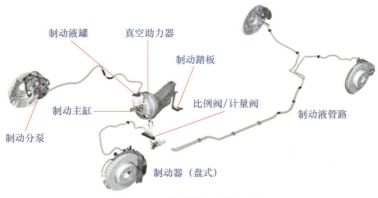

图 1-44　液压制动系统组成

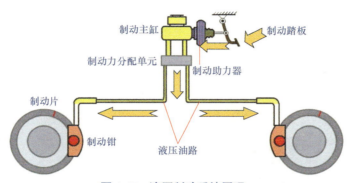

图 1-45　液压制动系统原理

1-25　什么是 ESP？该系统有些什么特点？

ESP（Electronic Stability Program，电子稳定程序）是博世（Bosch）公司的专利技术和注册商标，是为了进一步提高行车的主动安全性而发明的牵引力/制动力控制系统。博世 ESP 源于 1983 年，博世的工程师通过优化的 ABS 控制来增进车辆在全力制动时的稳定性。1995 年 3 月，ESP 开始批量生产，并首次装备于奔驰 S 级轿车。最新的博世 ESP 已经发展到第 9 代，第九代 ESP 除了在原有车身稳定控制上精益求精，还为车辆增添众多实用的功能。

ESP 系统其实是 ABS（防抱死系统）和 ASR（驱动轮防滑转系统）功能上的延伸，可以说是当前汽车防滑系统最先进的形式之一。ESP 主要由控制总成及转向传感器（监测方向盘的转向角度）、车轮传感器（监测各个车轮的转动速度）、侧滑传感器（监测车体绕纵轴线转动的状态）、横向加速度传感器（监测汽车转弯时的离心力）等组成，如图 1-46 所示。控制单元通过这些传感器的信号对车辆的运行状态进行判断，进而发出控制指令。

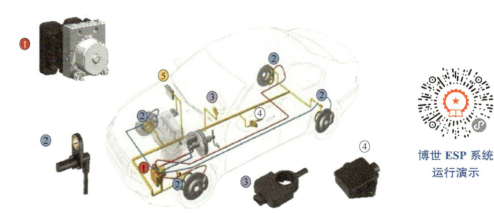

图 1-46　博世第 9 代 ESP 组成

1—带电控单元的 ESP 液压调节模块　2—轮速传感器　3—方向盘转角传感器
4—偏航率传感器（集成于 EPS 内部）　5—与发动机系统的通信设备

博世 ESP 系统运行演示

1-26　汽车转向系统由哪些部件组成？是怎样工作的？

机械式液压助力系统主要包括齿轮齿条转向结构和液压系统（液压助力泵、液压缸、活塞等）两部分，如图 1-47 所示。工作原理是通过液压泵（由发动机 V 带带动）提供油压推动活塞，进而产生辅助力推动转向拉杆，为车轮转向提供助力。

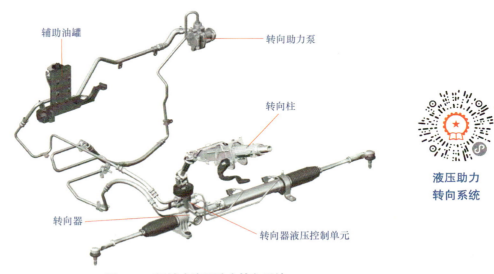

图 1-47　机械式液压助力转向系统

液压助力转向系统

电子液压助力系统的结构原理与机械式液压助力系统大体相同，最大的区别在于提供油压油泵的驱动方式不同。机械式液压助力的液压泵直接是通过发动机 V 带驱动的，而电子式液压助力采用的是由电力驱动的电子泵,如图1-48所示。

电子液压助力系统的电子泵不消耗发动机本身的动力,而且电子泵是由电子系统控制的,不需要转向时,电子泵关闭,可进一步减少能耗。电子液压助力转向系统的电子控制单元利用对车速传感器、转向角度传感器等传感器的信息处理,可以通过改变电子泵的流量来改变转向助力的大小。

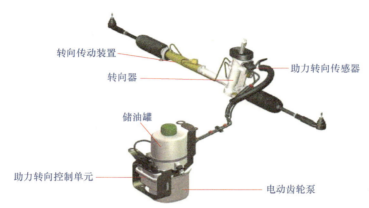

图1-48 电子液压转向系统组成部件

电动助力转向(Electric Power Steering,EPS)系统是一种直接依靠电机提供辅助转向力矩的动力转向系统,根据助力电机安装位置的不同,可以分为转向轴助力式(C-EPS)、齿轮助力式(P-EPS)、齿条助力式(R-EPS)三种,如图1-49所示。

电动助力转向系统

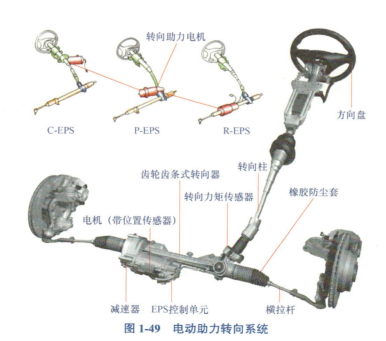

图1-49 电动助力转向系统

1-27 汽车车身有哪些类型？

车身指的是车辆用来载人装货的部分，安装于车辆底盘之上，车身包括车门、车窗、机舱、座舱、货舱等。轿车与客车的车身一般为一体式结构，货车车身则常分为驾驶舱与车厢两部分。三种车身形式如图 1-50 所示。

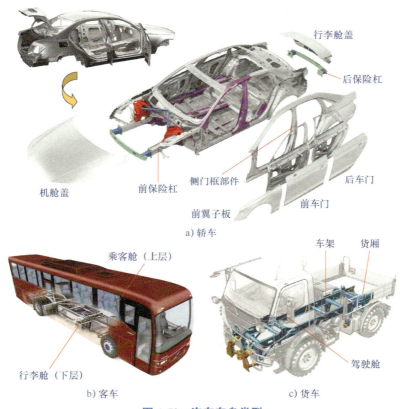

图 1-50 汽车车身类型

1-28 什么是非承载式车身？有什么特点？

汽车车身按是否带车架区分可分为非承载式车身与承载式车身。非承载式车身的汽车有刚性车架，又称底盘大梁架。车身本体悬置于车架上，用弹性元件连接。这种车身质量大、高度高，比较笨重，一般用在越野车、轻型货车及客货车上，图 1-51 所示为采用非承载式车身的轻型货车。

采用非承载式车身的汽车，其发动机、传动系统、车身的总成部分是固定在一个刚性车架上，车架通过前后悬架装置与车轮相连，如图 1-52 所示。

图 1-51 非承载式车身与底盘的关系

图 1-52 非承载式车身结构特点

比亚迪电动非承载式车身

1-29 什么是承载式车身？有什么特点？

承载式车身的汽车没有刚性车架，只是加强了车头，侧围，车尾，底板等部位，车身和底架共同组成了车身本体的刚性空间结构。这种承载式车身除了其固有的乘载功能外，还要直接承受各种负荷。这种形式的车身质量小、高度低、汽车重心低、装配简单，高速行驶稳定性较好。绝大多数乘用车都使用这种车身结构。承载式车身的结构形式如图 1-53 所示。

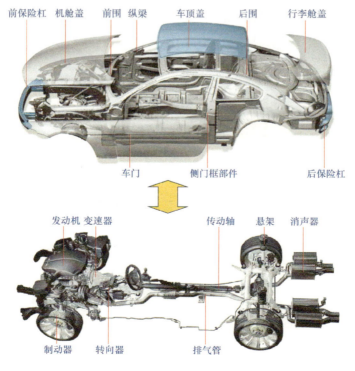

图 1-53 承载式车身的结构形式

1-30 什么叫白车身？有什么特点？

按照车身术语标准和教科书上的定义，白车身（Body in White）是指车身结构件及覆盖件焊接总成，并包括前翼板、车门、机舱盖、行李舱盖，但不包括附件及装饰件的未涂漆的车身，两厢轿车的白车身结构如图1-54所示。涂装后的白车身加上内外饰（包括仪表板、座椅、风窗玻璃、地毯、内饰护板等）和电子电器系统（音响、线束、开关等），再加上底盘系统（包括制动、悬架系统等），再加上动力总成系统（包括发动机、变速器等）就组成了整车。

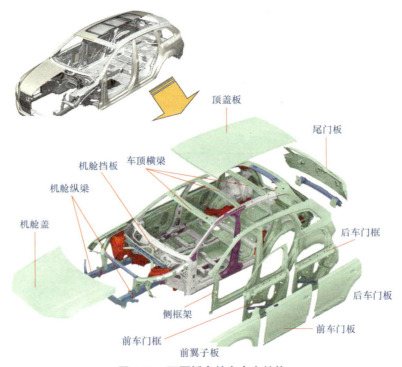

图 1-54 两厢轿车的白车身结构

1-31 汽车车身一般采用什么材料？有什么特点？

汽车车身经常用到的材料是钢。钢是含碳量最高为2.06%的铁碳合金。与其他元素镍、锰、硅、铬等融合，形成不同性能的钢材，见表1-2。根据其组成和特性不同，有很多种不同的钢。含碳量决定了钢的强度。

表 1-2 汽车用金属材料构成元素

合金元素	改变钢的特性
铬	提高钢的耐腐蚀性（铬对钢的耐锈性和耐酸性有决定性的影响）
锰	细化晶粒；提高强度；增强淬透性；提高硬度、拉伸率和耐磨性，影响焊接性能和锻造性能

(续)

合金元素	改变钢的特性
钼	提高强度和韧性；提高耐腐蚀性；改善淬透性，促进晶粒形成，改善其焊接性能
镍	提高强度和韧性；有助于奥氏体晶格结构的稳定，提高低温下的可塑性
铌	作用与钛类似
磷	提高强度；有助于平衡其可压缩性和强度
硅	提高强度和弹性极限；细化晶粒
氮	提高奥氏体钢的强度；改善其在高温下的力学性能
钛	提高强度和韧性；抑制晶粒长大，从而有助于细化晶粒；抑制铬合金钢中铬碳化物的析出从而抑制晶间腐蚀

因此按照钢的特定特性对其分类非常有意义。可以将各种钢按照其力学性能（如拉伸强度、屈服强度）进行分类。以普通钢、高强度钢、超高强度钢为例，钢的分类见表1-3。

表1-3 钢的分类

按照其拉伸强度分类	拉伸强度/MPa	类型
普通钢	<300	深冲钢
高强度钢	300~480	烘烤硬化钢
	350~730	微合金钢；各向同性钢
	340~480	磷钢；无间隙钢（IF钢）
高强度钢	500~600	双相钢（DP钢）含有0.12%的碳、0.5%的硅和1.46%的锰（质量分数）。
	600~800	相变诱发塑性钢（TR IP钢）一般含有0.15%~0.4%碳、1%~2%硅和0.5%~2%的锰（质量分数）。
超高强度钢	>800	多相钢（CP钢）含碳量很低，质量分数低于0.2%，并含有微合金元素，如锰、硅、钼和硼。
超高强度热成型钢	>1000	马氏体钢

由于能耗和环保标准的要求，降低车身质量显得尤为重要。使用密度较低的车身材料可有效降低车身质量，如铝合金等。

为了保证车身组件的使用性能，不可使用纯铝材质，而应使用铝合金材质，因为纯铝的强度很低。通过与其他元素形成合金可以改变铝的特性。首先改善其强度和抗腐蚀性，组成铝合金的主要成分为镁和硅。以奥迪A8为例，这种车身结构首次采用了不同的材质来构建。该承载式车身结构将铝、钢、镁和碳纤维增强复合材料（CFK）混合在一起使用，同时将四种不同的轻结构材质结合到了一起。成分最多的是铝件，比如铸造节点、挤压型材和板件等，如图1-55所示。

并不是车身所有的材料强度越高越好，要看用在什么地方。如驾驶舱的框架（如横梁、纵梁、ABC柱等），为了使驾驶舱的空间尽量不变形（保证驾乘人员安全），就必须采用高强度的材料。如车前和尾部的材料（如机舱盖、翼子板等），为了能够吸收撞击能量，可以使用强度相对较低的材料。

第 1 章 汽车机械基础 33

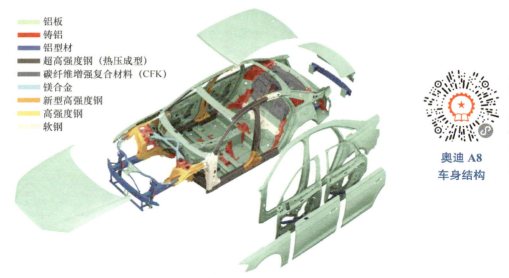

图 1-55　轻量化汽车车身结构（奥迪 A8）

奥迪 A8
车身结构

1-32 车身内外饰件包括哪些部件？

内饰件一般是指轴的隔板、门内装饰板、仪表板总成、扶手、地毯等零部件和材料，如图 1-56 所示。相对于车上其他部件而言，它们对车辆的运行性能没有什么影响，但其影响着用户体验，承担起减振、隔热、吸声和隔声等功能，对车辆的舒适性起到十分重要的作用。

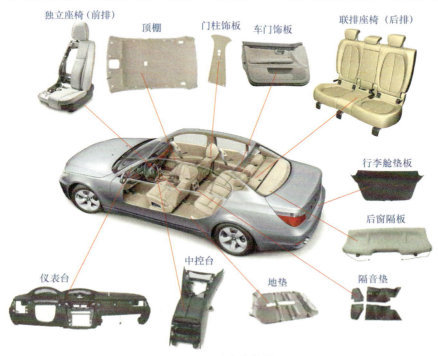

图 1-56　汽车内饰件

汽车外饰件主要指前后保险杠、轮眉、格栅、散热器装饰罩、防擦条等通过螺栓或卡扣及双面胶条连接在车身上的部件，如图 1-57 所示。外饰件在车身外部主要起装饰保护及开启等功能。

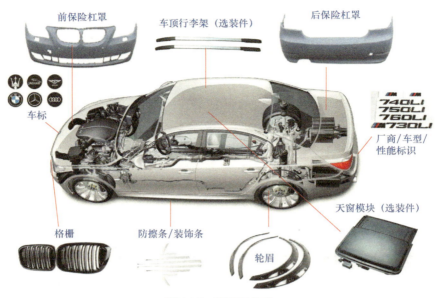

图 1-57　汽车外饰件

第 2 章　汽车电气基础

2-1　什么是电？电流、电压与电阻是什么关系？

电是一种自然现象，指静止或移动的电荷所产生的物理现象，是像电子和质子这样的亚原子粒子之间产生的排斥力和吸引力的一种属性。电磁力是自然界四种基本相互作用之一。

所有的物质都是由原子所组成，原子又由原子核和电子组成。导体原子中含有自由电子。自由电子易于自由地脱离原子核。导体原子内自由电子的流动即产生电流，如图 2-1 所示。因此，电路内的电流是电子在导体中运动产生的。在导体两端施加电压时，电子便从负极流向正极。电子流向与电流方向相反。

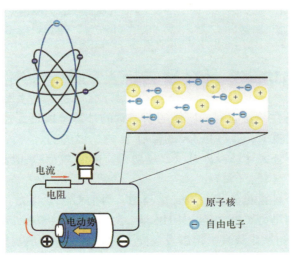

图 2-1　电流的形成

电包含三个基本要素：电流、电压与电阻。电流是单位时间流经导体任一横截面的电量，单位为安培（A）。电压是使电路中形成电流的原因。在同一电路中，电压越高，流过电路的电流就越大。电压单位为伏特（V）。电阻用于描述电流通过导体的困难程度。电阻单位为欧姆（Ω）。

电压、电流和电阻的关系可由著名的欧姆定律来表述。欧姆定律是电学领域的基础定律之一，由德国物理学家乔治·西蒙·欧姆在 1826 年提出。它指出，在同一电路中，通过某段导体的电流与这段导体两端的电压成正比，同时与这段导体的电阻成反比。简而言之，若电阻不变，当电压增大时，电流也会增大；若电压不变，当电阻增大时，电流则会减小。

这一定律的数学表达式为 $I=U/R$，其中 I 代表电流，U 代表电压，R 代表电阻，如

图 2-2 所示。这个公式不仅帮助我们理解电流、电压和电阻之间的关系，还为电路设计、电阻测量等实际应用提供了重要依据。

需要注意的是，欧姆定律仅适用于纯电阻电路，即电路中只包含电阻元件，而不涉及电容、电感等其他元件。在复杂电路中，欧姆定律可能不再适用，但可通过其他电路分析方法进行研究。

欧姆定律有关电压、电流和电阻之间的关系可以用一段由水泵、阀门和水流组成的水路来类比。由水泵产生的水压可以类比为电压。在一根水管里，由于任意两点之间的水压差会造成水流，水的流速，可以类比为电流。控制流量的阀门可以类比为电阻器。通过阀门的水流流量，与阀门两端的水压成正比，类似地，通过电阻器的电荷流量（电流），与电阻器两端的电压成正比，这正是欧姆定律的论述，如图 2-3 所示。

图 2-2　基本电路　　　　　图 2-3　欧姆定律的类比

2-2　什么是电功率？什么是转矩？功率与转矩怎样转换？

电功率是电器设备在单位时间内所做的功。它的计量单位是瓦特（W），1W 是指用 1V 的电压加在一个负荷电阻上，通过在 1A 的电流 1s 内所做的功。

电功率可以用以下公式计算：$P=IU$（P 是功率，单位 W；I 是电流，单位 A；U 是电压，单位 V）。

功率的单位还有一种常见的表示方式是马力，目前对于"马力"主要有两种定义方式：英制马力（hp）和公制马力（PS）。其中 1PS ≈ 735.5W，1hp ≈ 745.7W。

"马力"的概念最初是让蒸汽机得以发扬光大的著名工程师詹姆斯·瓦特最初采用的，他的目的是将蒸汽机与马匹的能力进行比较。根据瓦特的定义，一马力为一匹马在一小时内转动磨轮 144 次，车轮的半径为 12ft，这样一来这匹马需要 180lbf（800N）的力量，所以计算后四舍五入为 33000ft·lbf/min，换算为国际单位，1hp=745.7W，这就是英制马力的来历。

而在德国标准协会颁布的 DIN 66036 中，将 1 公制马力定义为在 1s 内将 75kg 的重物提升 1m 的能力（图 2-4），换算国际单位为 1PS=735.5kW，而 PS 也是德语 Pferdestärke（马力）的缩写。

转矩是使物体发生转动的一种特殊的力矩。电动机的转矩就是指电动机从电机轴端输出的力矩。在功率固定的条件下它与电动机转速成反比关系，转速越快转矩越小，反之越大，它反映了汽车在一定范围内的负载能力。

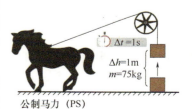

公制马力（PS）

图 2-4　马力的测定

电机的功率计算公式：$P=Tn/9549$（其中 P 为功率，单位为 kW；T 为转矩，单位为 N·m；n 为电机转速，单位为 r/min）；9549 为常数。图 2-5 所示为宝马 i7 铭牌上标示的电机功率参数。

图 2-5　宝马 i7 车辆信息铭牌

2-3　什么是直流电？什么是交流电？

不随时间变化的电压（电流）称为直流电压（电流），如图 2-6a 所示；对时间作周期变化，而直流分量为零的电压（电流）称为交流电压（电流），如图 2-6b 所示。

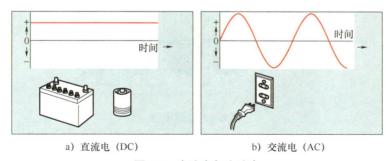

a）直流电（DC）　　　　b）交流电（AC）

图 2-6　直流电与交流电

2-4　什么是串联与并联电路？有什么特点？

单一电路一般由一个电压电源和一个负载电阻构成。但在车辆上一个电压电源（车载网络供电）会同时接有很多用电器。这种电路称为扩展型电路。扩展型电路分为串联和并联两种基本连接方式。

串联时将所有电阻（用电器）依次连接在一起，如图2-9所示。电流先后流经每个电阻，也就是说必须克服总电阻。

串联电路内各处的电流大小都相等，因此不同电阻的电压降不同。电压与对应的电阻成正比。

串联电路的总电阻是各串联电阻之和，对于图2-7，$R_{total}=R_1+R_2+R_3$；总电压 U_{total} 分布在串联电路中各个电阻上，各部分电压之和等于总电压，对于图2-7，$U_{total}=U_1+U_2+U_3$。

正确串联连接各供电电源的电极时，就会将各部分电压相加起来，动力电池为提高总电压，会采用将各电池单元进行串联，如图2-8所示。将各电源彼此同极相对连接时就会消减电压。最大电流由最弱供电电源决定。串联连接电源时，各部分电压相加形成总电压，为了提高总电压，动力电池包内的电池单元常采用串联的组装方式。同理，将各内阻抗相加即得到总内阻抗。

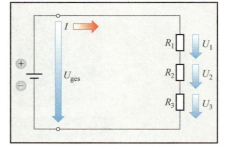

图2-7　3个电阻串联电路

$$U_O=U_1+U_2+U_3$$
$$R_i=R_{i1}+R_{i2}+R_{i3}$$

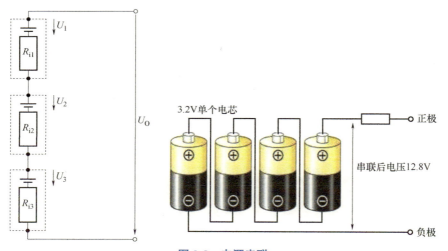

图2-8　电源串联

当将多个电阻（用电器）并排连接时称为并联，如图2-9所示。在这个电路中有更大的横截面供电流通过。因此总电阻较小。并联电路的总电阻始终小于最小的单个电阻。电阻并联时，施加在所有电阻上的电压都相同。

总电流在电阻的连接点处分为多个分电流，分电流的总和等于总电流，对于图2-9，$I_{total}=I_1+I_2+I_3$。

图2-10所示为将供电电源并联起来的电路，但必

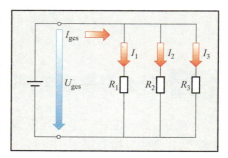

图2-9　并联电路

须确保所有供电电源都具有相同的标称电压值和内阻抗。必须将各电源的同极彼此相连，否则可能会对供电电源造成无法修复的损坏或破坏。并联连接供电电源可输出相对于单个供电电源来说更强的电流。各部分电流相加形成总电流，为了提高电动汽车的输出电流，常装若干个电池模组进行并联，组成动力电池包。

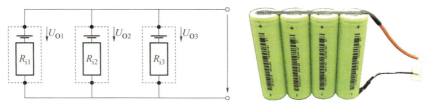

图 2-10　电源并联

2-5　什么是蓄电池？蓄电池的基本结构和原理是怎样的？

如果将锌棒和铜棒分别置于不同容器适当的电解溶液中，则两种金属会以不同速度向电解质中释放离子，电子将留在金属棒上。在一个容器中，溶液中有很多带正电的锌离子，锌棒上则留有许多电子。在另一个容器中，溶液中仅有少量正极铜离子，铜棒上也只有少量电子。如果现在将两个容器用离子桥相互连接起来，则会因不同的离子浓度而发生电荷交换。由于锌棒上聚集了过量电子，因此它将作为正极，而铜棒将作为负极。由于电子浓度不同，因此两者之间的电压可测。

如果使用导线连接两个电极，则电子会从正极流向负极。该构造通常被称作原电池，是蓄电池最简单的形式。如果能量从蓄电池中释放，则正极转为负极。在可充电蓄电池中，相同的电极可作为正极或负极交替工作，取决于蓄电池正在充电还是正在放电。蓄电池工作原理如图 2-11 所示。

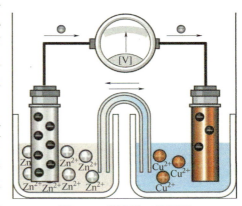

图 2-11　蓄电池工作原理

2-6　什么是铅酸蓄电池？

蓄电池是汽车必不可少的一部分，可分为传统的铅酸蓄电池和免维护型蓄电池。汽车铅蓄电池的构造主要有正（负）极板、隔板、电解液、槽壳、连接条和极桩等组成，如图 2-12 所示。

一个 12V 蓄电池由 6 个串联的电芯构成。它们安装在由隔板分隔的壳体中。每个蓄电池的基本模块都是电芯。电芯由一个极板组构成，它是由一个正极板组和一个负极板组组合而成的。极板组由电极和隔板构成。每个电极都是由一个铅栏板和活性物质构成的。隔板（微孔绝缘材料）用于分离不同极性的电极。电极或极板组在充满电时沉浸在 38% 浓度的硫酸溶液中（电解液）。接线端子、电芯和极板连接器由铅制成。正极和负极具有不同的直径。正极总是比负极粗。不同的直径可以避免蓄电池连接错误（防止接错极）。电芯连接线穿过隔板。蓄电池的外壳（模块箱）由耐酸性绝缘材料制成，外面由底板固定蓄电池。上面外壳通过端盖封闭。

常见的车载铅酸蓄电池主要分为两类：普通铅酸蓄电池和阀控式铅酸蓄电池（Valve-Regulated Lead-Acid battery，VRLA）。普通蓄电池又分为可维护（干荷式）的和免维护的（密封式）。

可维护电池的顶部有6个孔塞，负责排气和加注电解液、蒸馏水之用，而免维护的则没有小孔，在使用周期内也无须添加任何物质。

VRLA蓄电池目前常见的有两种，一种叫作超细玻璃纤维（Absorbent Glass Mat，AGM）电池、一种叫作增强型富液式蓄电池（Enhanced Flooded Battery，EFB）电池。两者的区别在于，AGM属于"贫液式"电池，即电解液很少；而EFB属于增强富液式，即电解液是过量的。AGM和EFB的共同点是，其负极采用过量活性物质，阻止氢气的析出；同时，正极产生的氧气，通过一定途径进入负极，并与负极的铅发生反应。这样一来，充电过程中产生的气体，就留在了蓄电池内部，维持了电解液的浓度。

AGM和EFB电池都被用来作为具备自动起停功能车型的蓄电池，但AGM支持能量回收系统，而EFB电池不支持。目前，很多搭载自动起停功能的日系车，都采用的是EFB电池；而很多搭载了自动起停和能量回收的德系和美系车，用的是AGM电池。AGM电池结构如图2-13所示。

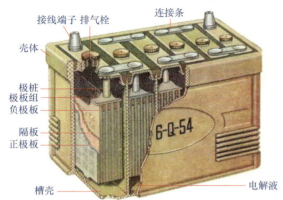

图2-12　普通铅酸蓄电池部件结构

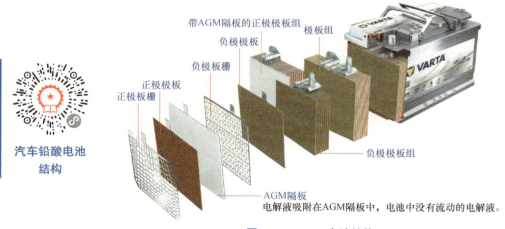

图2-13　AGM电池结构

2-7　什么是镍氢电池？

镍氢（Ni-MH）蓄电池的电芯的源电压是由电极上过量的带电氢粒子产生的。镍氧氢化合物（氢氧化镍）用作正电极。负电极由能对氢进行可逆存储的金属合金组成。镍氢蓄电池内部结构如图2-14所示。

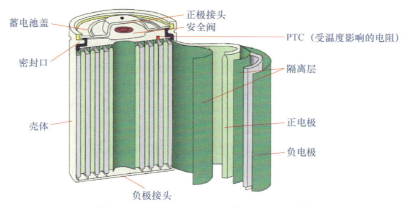

图2-14　镍氢（Ni-MH）蓄电池内部结构

在充电过程中，氢粒子从负电极迁移至正电极，并吸附在电极材料上。放电过程相同，但顺序相反。

镍氢（Ni-MH）蓄电池的电芯采用了两个安全机制。PTC电阻器可限制高温时的电流，安全阀可以受控方式释放蓄电池的电芯中产生的过高压力。

镍氢电池电解液为不可燃的水溶液，比热容、电解液蒸发热相对较高、而能量密度相对较低，即使发生短路、刺穿等极端异常情况，电池温升小，也不会燃烧。在室外温度0℃以下的低温地区，镍氢电池也能正常的充放电，不会存在安全隐患。此外，镍氢电池的产品质量控制难度也相对比较低，因制造过程导致缺陷的可能性很小。所以之前对电池电量要求不高的普通混动车型，大多都选择使用镍氢电池，比如丰田旗下的卡罗拉/雷凌双擎、凯美瑞双擎、普锐斯，雷克萨斯CT200h、ES300h等混动车型，普锐斯所用的镍氢电池模块如图2-15所示。

图2-15　普锐斯所用镍氢电池模块

2-8 什么是三元锂电池?

三元锂电池又称三元聚合物锂电池,三元锂电池的"三元"指的是包含镍(Ni)、钴(Co)、锰(Mn)或铝(Al)三种金属元素的聚合物(前三种组合简称 NCM,如图 2-16 所示,后三种组合简称 NCA,如图 2-17 所示),在三元锂电池中做正极。三者缺一不可,在电池内部发挥巨大的作用。镍的主要作用是提升电池的体积能量密度,是提升续驶里程的主要突破口,但含量过多会导致镍离子占据锂离子位置(镍氢混排),导致容量下降。钴作用为抑制阳离子的混排,用以提升稳定性和延长电池的寿命,此外,也决定了电池的充放电速度和效率(倍率性能),但过高的钴含量会导致实际容量降低。钴是十分昂贵的稀有金属,成本高昂,锰或铝的作用在于降低正极材料成本,同时提升电池的安全性和稳定性。按照镍、钴、锰三者用量比例不同,镍钴锰三元锂电池具体可细分为 111 型、523 型、622 型和 811 型等,现在多以 523 和 622 型为主。

宁德时代锂电池形态演示

图 2-16　宁德时代为奔驰 EQS 提供的 NCM811 三元锂电池

松下圆柱体锂电池形态展示

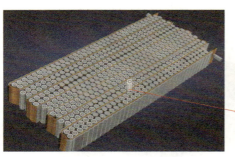 

图 2-17　松下供特斯拉电动汽车的 NCA 三元锂电池

三元锂电池最大优势在于电池储能密度高,其储能密度通常在 200W·h/kg 以上,相对于磷酸铁锂电池的 90~120W·h/kg,更适合乘用车市场对续驶里程的需求,但是三元锂电池材料分解温度在 200℃左右,它会释放氧分子,在高温作用下电解液会迅速燃烧,引发电池自燃,因此它对电池管理系统要求很高,需要做好过充保护(OVP)、过放保护(UVP)、过温保护(OTP)和过电流保护(OCP)等。

2-9 什么是磷酸铁锂电池？刀片电池是什么样的电池？

磷酸铁锂电池全名是磷酸铁锂离子电池，简称为磷酸铁锂电池或铁锂电池。由于其性能特别适于作动力方面的应用，故多称为磷酸铁锂高压电池。也有把它称为"锂铁（LiFe）动力电池"的。磷酸铁锂动力电池是用磷酸铁锂（$LiFePO_4$）材料作电池正极的锂离子电池。目前用作锂离子电池的正极材料主要有：$LiCoO_2$、$LiMn_2O_4$、$LiNiO_2$ 及 $LiFePO_4$。这些组成电池正极材料的金属元素中，钴（Co）最贵，并且存储量不多，镍（Ni）、锰（Mn）较便宜，而铁（Fe）最便宜。

$LiFePO_4$ 电池的内部结构如图 2-18 所示。左边是橄榄石结构的 $LiFePO_4$ 作为电池的正极，由铝箔与电池正极连接，中间是聚合物的隔膜，它把正极与负极隔开，但锂离子（Li^+）可以通过而电子 e^- 不能通过，右边是由石墨组成的电池负极，由铜箔与电池的负极连接。电池的上下端之间是电池的电解质，电池由金属外壳密闭封装。$LiFePO_4$ 电池在充电时，正极中的锂离子通过聚合物隔膜向负极迁移；在放电过程中，负极中的锂离子通过隔膜向正极迁移。锂离子电池就是因锂离子在充放电时来回迁移而命名的。

比亚迪于 2020 年 3 月 29 日发布了采用磷酸铁锂技术的刀片电池，展示模型如图 2-19 所示。该电池首先搭载于其自产车型汉。相较传统电池包，"刀片电池"的体积利用率提升了 50% 以上。刀片电池弥补了磷酸铁锂电池能量密度低的劣势，能量密度达到了 332W·h/kg，循环充放电的次数达到了 3000 次以上，比普通的三元锂电池高出了一千多次。

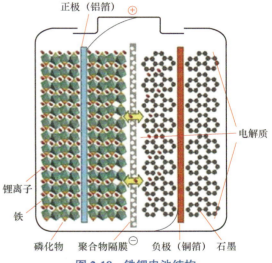

图 2-18 铁锂电池结构

图 2-19 比亚迪研发的刀片型磷酸铁锂电池

比亚迪刀片电池制造演示

2-10 动力电池有哪些封装类型？以什么形式出现？

可充电蓄电池通过电极和电解质使用的材料进行分类。最常见的可充电蓄电池为铅酸、镍镉、镍氢和锂离子蓄电池。锂是一种化学元素。"锂"字源自希腊词"lithos",意思是"石头",因为锂是在1817年从石头中发现的。和钠一样,锂属于碱性金属(由其化学行为决定),此外,由于其密度低,因此被视作轻金属。它是化学元素中质量第三轻的元素,仅次于氢和氦。

高电压蓄电池简称为高压电池,这是与传统的12V、24V车载低压蓄电池对应的一个称呼。因高压电池主要作为驱动电机等动力部件的电源,所以,也称为动力电池。

动力电池电芯的封装形式常见有圆柱体、方形金属壳(硬包)、方形铝塑(软包)等,如图2-20所示。

图 2-20　动力电池电芯封装形式

以吉利星越PHEV车型为例,动力电池总成安装于乘员舱下部,成T字形排布,如图2-21所示。

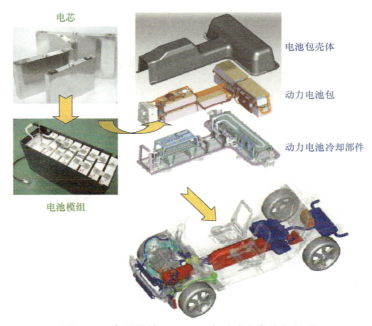

图 2-21　吉利星越 PHEV T 字形动力电池包总成

2-11　锂电池多少 C 是什么意思?

C用来表示电池充/放电电流大小的比率,即倍率。充/放电倍率=充/放电电流÷额定容量；例如：额定容量为 100A·h 的电池用 20A 放电时，其放电倍率为 0.2C。锂离子电池的充/放电倍率决定了可以以多快的速度，将一定的能量存储到电池里面，或者以多快的速度，将电池里面的能量释放出来。一般将 1C 放电的锂电池称为标准电池，将 2~10C 放电的称为小倍率电池，超过 10C 的称为高倍率电池。充/放电倍率对于锂离子电池性能衰减速度影响很大，即充/放电倍率越大，电池性能衰减速度越快，而且当电池的充/放电倍率差异过大时，将加剧电池组一致性的衰减。方形锂离子电池不同倍率放电性能曲线如图 2-22 所示。

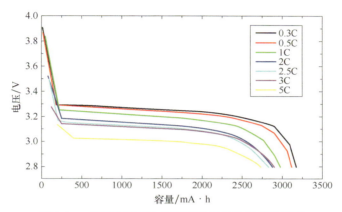

图 2-22　方形锂离子电池不同倍率放电性能曲线图

2-12　动力电池容量 A·h 表示什么意思？与 kW·h 如何转换？

电池容量是衡量电池性能最重要的指标之一，电池容量表示在一定的条件下，电池放出来的电量就是电池的容量，通常电池的容量都是以 A·h 为单位，表示蓄电设备在供电电流强度为 1A 时能持续工作 1h。kW·h 是一种电量单位，表示 1kW 功率的蓄电池使用 1h 消耗的电量。

电池的电压（V）乘电池的安·时数，得到的以 W·h 为单位的容量值。此结果瓦·时数值再除以 1000，便得到 kW·h 的数值。以奔驰 AMG EQS 为例，其动力电池容量为 396V×282A·h/1000=111.67kW·h，如图 2-23 所示。

保时捷 Taycan 的电池容量为 613V×129A·h/1000=79kW·h，如图 2-24 所示。

图 2-23　奔驰 EQS 车辆信息铭牌

图 2-24　保时捷 Taycan 车辆铭牌信息

2-13　电池的 SOC、SOH 是什么意思？

　　SOC 全称为 state of charge，指电池的荷电状态，也称为剩余电量，代表的是电池使用一段时间或长期搁置不用后的剩余容量与其完全充电状态的容量的比值，常用百分数表示。其取值范围为 0~100%，当 SOC=0 时表示电池完全放电，当 SOC=100% 时表示电池完全充满。锂离子电池 SOC 不能直接测量，只能通过电池端电压、充放电电流及内阻等参数来估算其大小。而这些参数还会受到电池老化、环境温度变化及汽车行驶状态等多种不确定因素的影响，因此准确的 SOC 估计已成为电动汽车发展中亟待解决的问题。

　　SOH 全称为 state of health，是指蓄电池容量、健康度、性能状态，简单地说是电池使用一段时间后性能参数与标称参数的比值，新出厂电池为 100%，完全报废为 0%。是电池从满充状态下以一定的倍率放电到截止电压所放出的容量与其所对应的标称容量的比值，可简单理解为电池的极限容量大小。电池的内阻与 SOH 存在一定的关系。SOH 越低，锂离子电池内阻越大，通过检测电压、电流、温度等数据，能间接计算出电池的内阻值，然后根据 SOH 与电池内阻的关系计算求得 SOH。但是电池的内阻在 SOH 变化范围不大时变化不明显，而当电池老化严重时电阻值的变化较大，因而该方法在 SOH 变化较小时，测量的误差会较大。

　　汽车动力电池检测仪显示结果数据中的 SOC 与 SOH 值如图 2-25 所示。

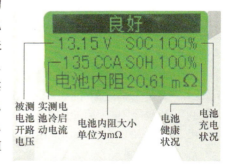

图 2-25　汽车蓄电池检测仪数据显示的 SOC 与 SOH 值

2-14　圆柱电池的标号 1865、2170、4680 是什么意思？

　　圆柱形锂离子电芯的表示方法为 3 个字母 +5 个数字。第一个字母表示负极，I 表示锂离子电芯、L 表示锂电芯；第二个字母表示正极的重要活性材料，C 表示有一个钴电极、N 表示有一个镍电极、M 表示有一个锰电极、V 表示铅电极；第三个字母表示电芯的形状，R 表示圆柱形的电芯（字母后前两个数字表示电芯的直径，单位为 mm 表示，后两个数字表示电芯的高度，单位为 mm），最后的 "0" 则代表圆柱形电池。圆柱形电池规格示例如图 2-26 所示。

日本松下电池过去就与美国电动车品牌特斯拉有着密切合作，是特斯拉主要的 NCA 三元锂电池供应商，该电池由镍（Ni）、钴（Co）、铝（Al）作为的正极材料。特斯拉从过去就坚持使用以圆柱状锂电池作为其电芯。特斯拉在 2020 年 9 月预告未来新款 Model Y 新车将使用体积更大的 4680 圆柱锂电池（图 2-27），其能量是目前电芯的 5 倍，带动动力输出功率高达 6 倍，并且新电池可帮助新款电动车提升 16% 的续驶里程。

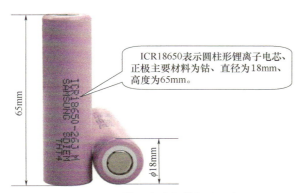

图 2-26　圆柱形电池规格标注示例

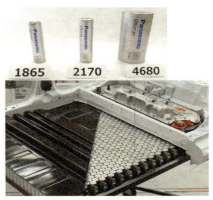

图 2-27　松下 4680 圆柱锂电池的应用

2-15　固态锂电池是怎样的？

固态电池顾名思义，就是采用固态电解质的锂离子电池。三元锂电池主要有四大部分：正极、负极、隔膜、电解质，这四大件再配合其他的辅材及结构，组成了一个封闭的化学反应容器。锂离子通过电解质游走在正极、负极之间，达到存储能量（充电）和释放能量（放电）的目的。固态电池就是把液态电解质变成固态的电解质。从工作原理上，固态电池和液态电池没有区别。固态锂电池与普通锂电池的结构特性对比如图 2-28 所示。

特斯拉 4680 圆柱体电池生产线

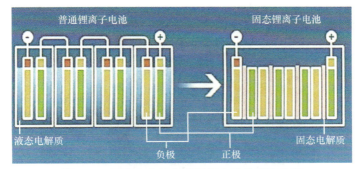

图 2-28　固态锂电池与普通锂电池的结构特性

从结构上来看，固态电解体既充当电解质，也充当隔膜的作用。所以，电池的安全性更好，而且能量密度更高，根本就不存在正负极接触的情况。正因如此，固态电池的工作电压范围也更大，可以实现更为快速的充电。

半固态电池就是采用了固液混合电解质的电池，它把部分电解质换成了固态，提升了能量密度，改变了上一代动力电池系统多电芯串联的设计，电池系统结构更加简化，快充效率也提高了不少，与搭载 4680 圆柱电池的车型相比，电池包体积利用率高出 12%，拥有 3 倍循环寿命，还具备 10min 补能提供 400km 续驶里程的快充能力。

2-16 无钴锂电池是怎样的？

现有三元体系的锂离子动力电池中，正极材料的成本占比约为 30%~45%，其中，钴占有一定比重，以 523 体系为例，钴的质量占比达 20%。由于钴的稀有性，导致其价格昂贵，全球 66% 钴产量都出自政局不稳定的刚果（金）。而且钴元素并不参与电化学反应，所以在高镍的同时，降低钴含量，是提升电池能量密度和降低成本的好方法。

无钴电池掺杂无未成对的电子自旋的特定元素，可提高充放电的可逆性与结构稳定性。2019 年 7 月 9 日，全球首款无钴电池在"蜂巢能源战略规划及产品发布会"面世，如图 2-29 所示。

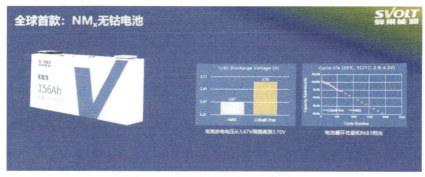

图 2-29　蜂巢能源发布的无钴电池

长城欧拉生产的首款 SUV 车型——樱桃猫概念车（图 2-30），首次搭载了蜂巢能源的无钴电池包系统，总电量 82.5kW·h，系统能源密度达 170W·h/kg，工况续航里程超 600km。相比同级别的高镍三元电池，蜂巢无钴电池成本更低，循环寿命可达 3000 次以上，可以通过 150℃的热箱测试和 140%SOC 的过充测试。

图 2-30　无钴锂电应用车型——欧拉樱桃猫

2-17 NCMA 四元锂电池是怎样的？

NCMA 四元锂电池是指正极采用镍、钴、锰、铝四种金属材料的四元电池。通过向 NCM 三元锂正极材料混入少量的铝元素，使原本性质活跃的高镍三元正极材料在保持高能量密度的同时，也能维持较稳定的状态，其中成本最为昂贵的钴元素含量降到了 5% 以下。该概念最早于 2016 年由韩国汉阳大学及韩国本土动力电池企业共同提出。该电池正极材料中的镍含量已提高到 90%，钴含量已降低至 5% 以下，一次充电可以提供至少 600km 的续驶里程。

蜂巢能源开发的四元材料，在 NCM 体系的基础上掺杂 M_x，M_x 掺杂会使一次颗粒之间的边界强度增强，因此会减少在有害的相转变过程中微隙的形成。使其循环性能优于 NCM811 材料，同时能实现耐热更好、产气少、安全性更高的特点，如图 2-31 所示。最终其动力电池的容量更高、寿命更长、安全性更好。

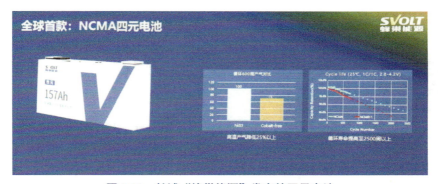

图 2-31 长城"蜂巢能源"发布的四元电池

2-18 动力电池包如何冷却与加热？

电动汽车的动力电池包在快速充、放电的过程中，会产生大量的热量，如果不能及时有效地散热，不仅会影响电池的效能，同时会对车辆的安全形成威胁。于是，动力电池包都设计有专门的冷却电路，早期的油电混动汽车利用空气流动散热，现在的电动汽车一般利用冷却液流通带走电池包的热量。以比亚迪秦 EV 和 e5 车型为例，其动力电池包内部结构如图 2-32 所示。

动力电池包内部冷却管路如图 2-33 所示。

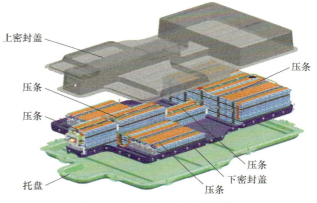

图 2-32 动力电池包内部结构

在寒冷地区，低温环境会影响电池的活性，从而影响其充放电性能，在这个时候需要给电池包加热，使其保持在适宜的温度区间。于是，有的电动汽车专门设计了电池加热系统，图 2-34 所示为比亚迪的电池加热器。电池加热器以串联的方式布置在冷却加热系统回路中。由电池管理系统（BMS）根据电池需求，发送请求启动加热指令，加热器根据指令启动加热功能。

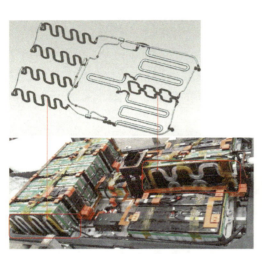

图 2-33　动力电池包内部冷却管路

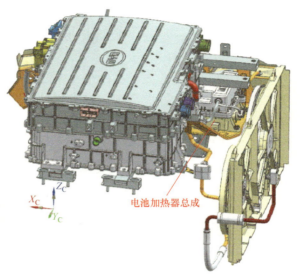

图 2-34　电池加热器安装位置

2-19　发电机是怎样发电的？

当一个导体在磁场间移动切割磁力线，那么由于电磁感应将会产生感应电动势。如图 2-35 所示，当这个导体弯成框形在磁场中旋转，那么就会产生双倍的感应电动势。把这个导体做成一个线圈，将会产生更大的感应电动势，用这种方法运动在磁场的导体，会产生感应电动势。如果导体中匝数的数越多，那么产生的感应电动势就越大。

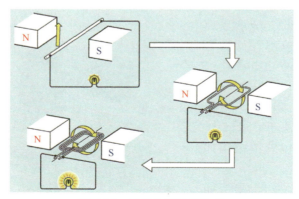

图 2-35　感应电动势的生成

旋转线圈产生的感应电动势的方向和大小是随着线圈的位置而变化的。

图 2-36a 所示为电流从电刷 A 流向灯泡。在图 2-36b 中电流停止流动。在图 2-36c 中电流是从电刷 B 流向灯泡。因此这种设备产生的电流就叫作交流电。这种设备就叫交流发电机。

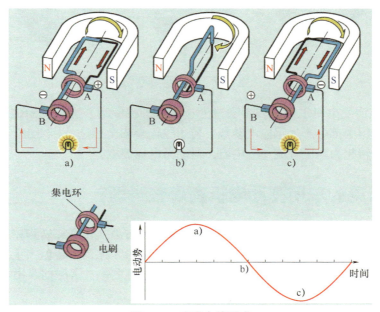

图 2-36 交流电的形成

2-20 电机的基本结构和原理是怎样的?

电机组成部件和电路连接如图 2-37 所示。电机主要组成部件包括转子、定子两大部分。

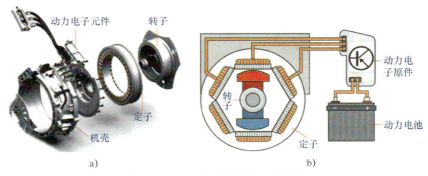

图 2-37 电机组成部件和电路连接

当电机作为电动机工作时，定子绕组会产生一个旋转磁场。转子是一个可以产生磁场的永磁体。同步电动机的转速可通过定子电流的频率精确控制。系统中装有一个变频器，对同步电动机转速进行无级调整。转子位置传感器可持续检测转子的位置。控制电子器件以此测定发动机实际转速。电机工作原理如图 2-38 所示。

电机工作
原理演示

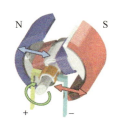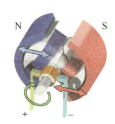

图 2-38　电机工作原理

如果电机作为发电机工作,转子通过变速器从外部驱动。当转子的磁场通过定子绕组时,每一相的绕组中都会产生感应电动势。转子磁场会依次通过各相绕组。电力电子装置将获得的交流电能转化为高压直流充电电流,对动力电池充电。

2-21　常见的车用驱动电机有哪些类型?

对于空间布置尺寸要求比较高的中小型电动汽车来说,功率和转矩密度较高的永磁同步电机是优先的选择,并且同步电机更适合频繁起停的工况,适合城市上下班通勤的应用场景,这也是特斯拉 Model 3 改用永磁同步电机的原因之一。永磁同步电机结构如图 2-39 所示。

相比永磁同步电机,交流感应电机体积较大,但是价格适中,感应电机可以做得功率很大并且不存在退磁问题,所以一些大型车或者追求性能的电动汽车,比如特斯拉 Model S 和蔚来 ES8 都采用感应电机,如图 2-40 所示。

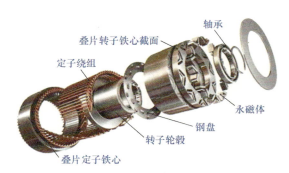

图 2-39　永磁同步电机结构

图 2-40　蔚来 ES8/ES6 所使用的感应电机集成驱动系统

开关磁阻电机结构简单、坚固、维护方便甚至免维护,起动及低速时转矩大、电流小;高速恒功率区范围宽、性能好,在宽广转速和功率范围内都具有高输出和高效率而且有很好的容错能力。

开关磁阻电动机转子上产生的转矩是由一系列脉冲转矩叠加而成的,由于双凸极结构和磁路饱和非线性的影响,合成转矩不是恒定转矩,而有一定的谐波分量,影响了电动机低速运行性能，所以传动系统的噪声与振动比一般电机大。开关磁阻电机典型结构如图 2-41 所示。

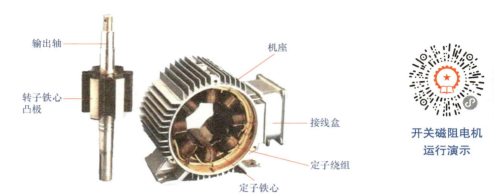

图 2-41 开关磁阻电机典型结构

开关磁阻电机的优点和缺点都非常明显，对于家用车领域，像脉动引起的噪音与振动确实是难以控制和非常影响用户体验的，因此并没有大规模应用。但是在商用车领域，它就可以大显身手了，国内很多电动公交车、大巴和货车上面，都能够看到它的身影。

所以，基本可以这么说：中小型车以永磁同步电机为主，大型及高性能乘用车趋向感应电机，开关磁阻电机则适用于大型商用车。

2-22 永磁同步电机的结构是怎样的？

永磁同步电机（PMSM）具有结构紧凑、质量小、功率输出高、效率高等优点。永磁体被镶入转子中，旋转磁场和定子绕组共同作用产生转矩；电机旋变被同轴安装在电机上，用来检测转子旋转的角度。此旋转角度被发送到电机控制模块；电机温度传感器检测电机定子内部的温度，此温度信息被发送给电机控制模块。典型的电动汽车用永磁同步电机组成部件见图 2-42。

图 2-42 典型的电动汽车用永磁同步电机组成

永磁同步电动机及其驱动系统与外部的电气接口共包括高压、低压和通信接口三部分。电机控制器配置两个低压接插件，主要完成 PCU、DC/DC 变换器与整车之间的通信及控制，PCU 与电机之间的通信，从而实现对电机的精确控制。电机温度传感器检测电机实时温度，防止电机在过温下工作，造成毁坏。

2-23　永磁同步电机是怎样工作的？

永磁同步电机的转子转速与定子旋转磁场转速相同，如图 2-43 所示。这是通过略微修改绕组设计和磁极位置来实现的。转子转速仅由极对数量和电源频率决定。

同步电机
结构原理

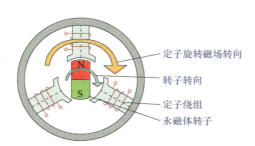

图 2-43　同步电机工作原理示意图

当三相交流电被通入到定子绕组中，即产生了旋转的磁场，这个旋转的磁场牵引转子内部的永磁体，产生和旋转磁场同步的旋转转矩，如图 2-44 所示。使用旋转变压器检测转子的位置和电流传感器检测绕组的电流，从而控制驱动电机的转矩输出。

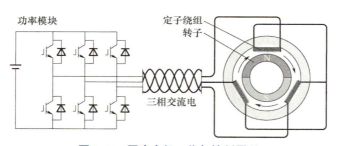

图 2-44　同步电机工作与控制原理

2-24　异步电机的结构是怎样的？

异步电机又称为感应电机。以奥迪 e-tron 车上使用的异步电机为例，该电机的主要部件有：带有三相在空间上每两相相隔 120° 电角度布置的绕组（U，V，W）的定子，转子（铝质笼型转子）。转子把动能传入减速器。前桥上采用平行轴式电机来驱动车轮，后桥则采用同轴式电机来驱动车轮。前桥和后桥上每个交流驱动装置都有一根等电位线连着车身。

前驱电机总成部件分解如图 2-45 所示。

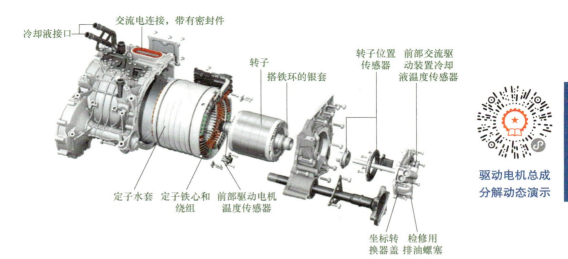

图 2-45 前驱电机总成部件分解

2-25 异步电机是怎样工作的？

定子是通过功率电子装置来获得交流电供给的。定子绕组内的电流会在定子内产生旋转的磁通量（旋转的磁场），这个旋转磁场会穿过转子铁心。异步电机转子的转动要稍慢于定子的转动磁场（这就是异步的意思）。

这个差值我们称之为转差率（也叫滑差率）。于是就在转子的铝制笼内感应出一个电流，转子内产生的磁场会形成一个切向力，使得转子转动，叠加的磁场就产生了转矩。

在电驱动模式时，功率电子装置将动力电池的直流电转换成三相交流电。这个转换是通过脉冲宽度调制来进行的，如图 2-46 所示。转速是通过改变频率来进行调节的，驱动电机的转矩是通过改变单个脉冲宽度的接通时间来进行调节的。

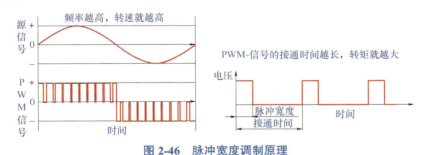

图 2-46 脉冲宽度调制原理

举例说明：在一台有 2 对极的异步电机上要想达到 1000r/min 这个定子旋转磁场转速，需要使用 33~34Hz 的交流电。因受到异步电机转差率的限制，所以转子转得要慢些。

2-26 轮毂电机与轮边电机是什么样的电机？

纯电动汽车采用轮毂电机是将动力、传动以及控制装置都集中在轮毂中，将车辆的机械部分大大简化，轮毂电机的结构主要由定子、微型逆变器、绕组、转子以及车轮轴承等组成，图2-47所示为轮毂电机的结构。

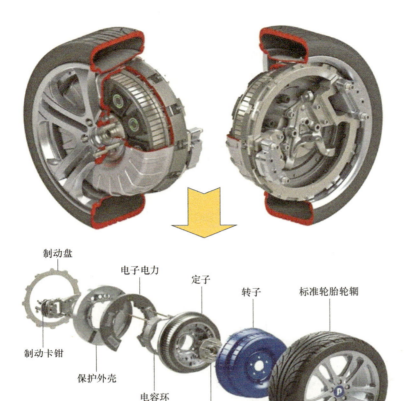

图2-47 英国Protean电机公司研发的轮毂电机

英国的Protean电机公司是一家专门研发生产轮毂电机的公司。其生产的轮毂电机能够实现75kW的峰值功率和1250N·m的峰值转矩，质量为36kg，可安装在直径为18in以上的车轮中，能回收多达85%的制动能量。

轮毂电机技术目前并未量产应用于电动汽车上，随着技术的突破，一些豪华运动型电动汽车或将逐步采用轮毂电机。2013年，福特与德国汽车零部件厂商舍弗勒共同开发搭载轮毂电机驱动技术的后驱嘉年华，如图2-48所示。舍弗勒的轮毂电机采用水冷设计，单个电机质量为53kg，最大功率40kW，电机工作时平均输出功率为33kW，两台电机的最大功率为80kW（40kW×2），连续输出时的平均功率为66kW（33kW×2），输出转矩可达700N·m。

轮边电机在电动商用车即客车和货车上应用比较广泛，轮边电机的驱动电机布置在车桥两侧，通过侧减速器和轮边减速器实现减速驱动车轮。轮边电机与轮毂电机同属于分布式驱动，不同之处在于轮边电机的驱动电机位于车轮外部，其动力通过轮边减速器传递至车轮。轮边电机系统由于效率高、能耗低、使用成本低，有望成为未来电驱系统发展的趋势。2023

年1月5日，比亚迪举办新品发布会，越野 SUV 仰望 U8 及电动跑车 U9 正式亮相。这两款车型配备了四轮独立轮边电机，轮边电机采用扁线绕组技术加油冷散热，最高转速可达 20500r/min，如图 2-49 所示。

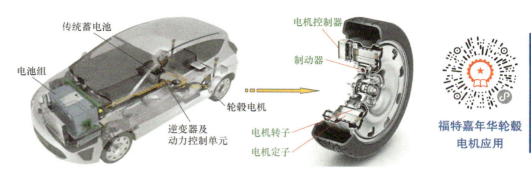

图 2-48　福特嘉年华搭载的舍弗勒研发的轮毂电机

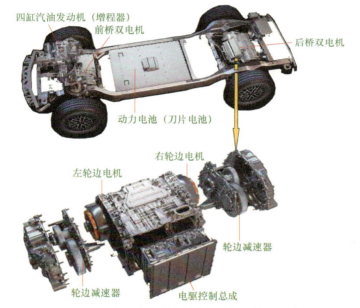

图 2-49　比亚迪轮边电机应用示例（仰望 U8）

2-27　电机控制器的结构是怎样的？有些什么功能？

电机控制器（Motor Control Unit，MCU）是一个将电池的直流电转换为交流电，并驱动电机的设备，有的厂商将它简称为 PCU（Power Control Unit，即动力控制单元）或 PEU（Power Electronics Unit，即电力电子单元）。由于在交流转换成直流的过程中，交流频率和电压可以改变，控制参数可以有很高的自由度。图 2-50 所示为奥迪 E-tron 车型的电机控制器结构。

电机控制器总成分解动态演示

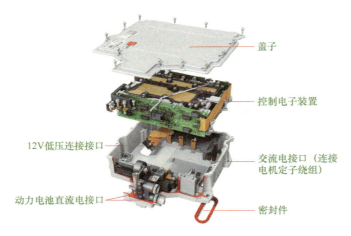

图 2-50　电机控制器结构（奥迪 E-tron）

PCU 将动力电池的直流电转换成电机可用的交流电，电机完成转矩输出。

VCU 基于加速踏板位置信号、档位信号和车速信号计算车辆的目标转矩，并通过 CAN 通信发送转矩需求指令给 PCU。其控制流程如图 2-51 所示。

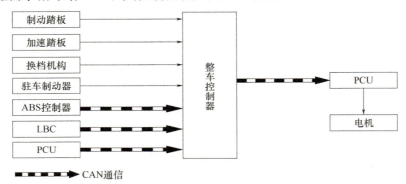

图 2-51　电机控制流程

在电机转矩请求信号由 VCU 通过整车 CAN 发送过来的基础上，电机控制器控制电机。电机控制器将电池的直流电转换为交流电，并同时采集电机位置信号和三相电流检测信号，精确地驱动电机，如图 2-52 所示。在减速阶段，电机作为发电机应用。它可以完成由车轮旋转的动能到电能的转换，为电池充电。如果有故障发生，系统将进入到安全失效模式。

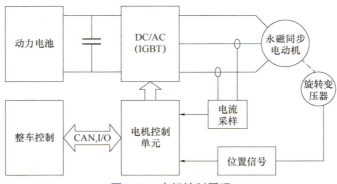

图 2-52　电机控制原理

2-28 什么是多合一电驱控制器？有些什么特点？

电机控制器日趋集成化，常见的集成形式包括：三合一电驱总成（电机控制器＋驱动电机＋减速器）、七合一电驱总成（电机＋电机控制器＋车载充电器＋DC/DC 变换器＋配电箱＋驱动电机＋减速器）、八合一电驱总成（电机控制器＋车载充电器＋直流变换器＋整车控制器＋电池管理器＋配电箱＋驱动电机＋减速器）。

图 2-53 所示为华为七合一电驱系统，集成了 MCU（电机控制单元）、电机、减速器、DC/DC 变换器、OBC（车载充电机）、PDU（电源分配单元）和 BCU（电池控制单元）七大部件，实现了机械部件和功率部件的深度集成。

图 2-54 所示为比亚迪多合一电驱总成，集成了驱动电机、减速器与多合一控制器[电机控制器（MCU）＋车载充电器（OBC）＋DC/DC 变换器＋整车控制器（VCU）＋配电箱（PDU）＋电池管理系统（BMS）]。

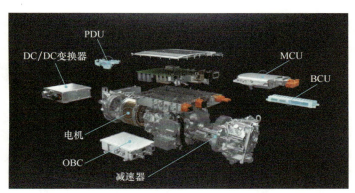

图 2-53 华为七合一电驱系统

华为 DRIVEONE 平台

图 2-54 比亚迪多合一电驱总成

2-29 什么是电子变速杆？有些什么特点？

电子变速杆主要形式有拨杆式（典型应用如宝马）、旋钮式（典型应用于捷豹-路虎）、按键式（典型应用如林肯）、怀变速杆式（典型应用如奔驰）四类，示例如图 2-55 所示。其中拨杆式占比最高，约占电子变速杆总量的一半左右，主要基于消费者换档的操作习惯，预计未来仍将是电子变速杆的主流。旋钮式与怀档式占比接近，各有自身的优缺点，消费者熟悉后容易接受。按键式作为一种小众形式，由于操作便利性略微受限，应用不多。电子变速杆相较于传统机械换档系统，具备极强的科技感、节省车内空间、方便造型设计、自动锁止安全性高等特点。电子变速杆一般应用于燃油汽车的高端豪华车型，而在电动汽车上则普遍使用电子变速杆。

拨杆式　　　　　　旋钮式　　　　　　怀变速杆式　　　　按键式

图 2-55　电子变速杆类型

2-30 电驱系统是怎样冷却的？

电驱冷却系统利用热传导的原理，通过冷却液在冷却系统回路中循环，使 PEU_F（前功率控制单元）、PEU_R（后功率控制单元）、驱动电机保持在最佳的工作温度。冷却液要定期更换才能保持其最佳效率和耐腐蚀性。

以蔚来 ES6 为例，冷却系统主要由以下部件组成：膨胀水壶总成、电子水泵、冷却液水管、电动三通阀/四通阀、电池加热器、低温散热器总成、冷却风扇总成、冷却液温度传感器。前后驱动冷却系统布置如图 2-56 所示。

电子水泵的作用是对冷却液加压，保证其在冷却系中循环流动。系统中安装有 2 个水泵，型号相同，均为无刷直流电机，额定功率为 50W。电子水泵主要负责前驱动系统冷却循环（前电子水泵）、后驱动系统冷却循环（后电子水泵）根据不同温度需求，各自独立工作。

三通阀/四通阀安装于系统冷却液水管管路中，通过减振垫固定在支架上，减小振动与噪声；三通阀/四通阀均为步进式无刷直流电机。根据系统控制需求，用来打开和关闭各个冷却液通道，实现不同冷却模式的冷却循环。三通阀有 2 个，分别是散热器旁通三通阀、电池回路三通阀；四通阀有 1 个。

冷却风扇总成通过 4 个螺栓固定在冷凝器上，由 PWM（脉冲宽度调节）和冷却风扇组成，PWM（脉冲宽度调节）控制器根据 VCU（车辆控制单元）控制信号和 CCU（环境控制单元）控制信号来控制冷却风扇的不同转速。

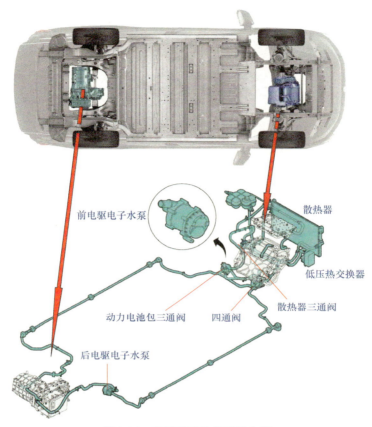

图 2-56 前后驱动冷却系统布置

冷却系统有 2 个冷却液温度传感器，分为出口（前电机出口）冷却液温度传感器和进口（4 通阀入口）冷却液温度传感器，分别安装在前后电机至旁通 3 通阀水管总成和 4 通阀进水管总成上。冷却液温度传感器是 NTC（负温度系数）热敏电阻。

2-31 电动汽车空调系统有什么特点？

电动汽车空调制冷系统不同于常规燃油车，制冷系统的动力源是电动空调压缩机。电动空调系统组成与常规燃油车型类似，主要有 HVAC 总成、空调风管总成、空调管路总成、电动空调压缩机、冷凝器、空调控制面板及其相关传感器、空调驱动器等组成，如图 2-57 所示。

在传统燃油车辆上，制冷压缩机靠带轮，通过发动机曲轴带动转动。压缩机转速只能被动的通过发动机转速来调节，空调系统无法主动对压缩机转速进行调节。电动汽车空调系统的压缩机为电动压缩机，其驱动靠高压电驱动，转速可被系统主动的调节，调节范围在 0~4000r/min。这样保证了良好的制冷效果，同时也节省了电能。燃油车与电动车空调压缩机的对比如图 2-58 所示。

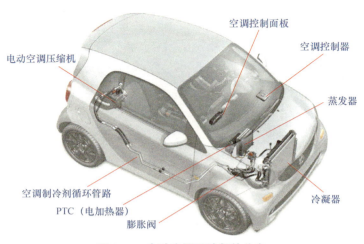

图 2-57　电动空调系统部件分布

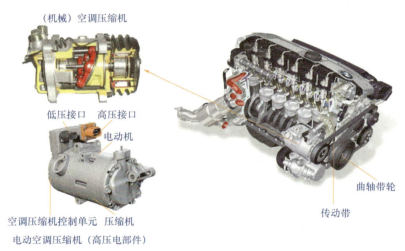

图 2-58　燃油车空调压缩机与电动空调压缩机

2-32　电动汽车取暖系统有什么特点？

以宝马 i3 电动汽车为例，其配置的电气取暖装置的最大电功率为 4.5kW。电气取暖装置通过三个功率约为 0.75kW、1.5kW 和 2.25kW 的加热线圈实现加热。在电气取暖装置内通过电子开关（Power MOSFET）切换加热线圈线路可以实现六档加热，如图 2-59 所示。

冷却液在电气取暖装置内加热并通过电动冷却液泵（20W）循环。变热的冷却液流经车内的暖风热交换器并在此释放出热量。最终加热的空气通过鼓风机到达车内。制冷剂从暖风热交换器输送至冷却液补液罐，如图 2-60 所示。

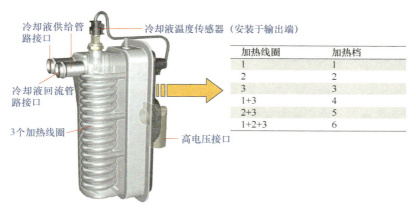

图 2-59 可分级控制的电取暖器

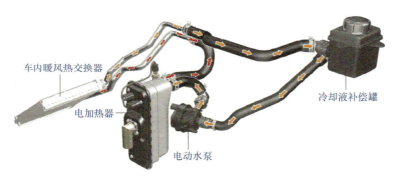

图 2-60 电取暖器供暖循环

2-33 电动汽车空调如何制冷？

电动空调压缩机受高压电驱动，当压缩机工作时，压缩机吸入从蒸发器出来的低温低压的气态制冷剂经压缩，制冷剂的温度和压力升高，并被送入冷凝器。在冷凝器内，高温高压的气态制冷剂把热量传递给经过冷凝器的车外空气而液化，变成液体。液态制冷剂流经膨胀阀时，温度和压力降低，并进入蒸发器。在蒸发器内，低温低压的液态制冷剂吸收经过蒸发器的车内空气的热量而蒸发，变成气体。气体又被压缩机吸入进行下一轮循环。这样，通过制冷剂在系统内的循环，不断吸收车内空气的热量并排到车外空气中，使车内空气的温度逐渐下降。空调制冷原理如图 2-61 所示。

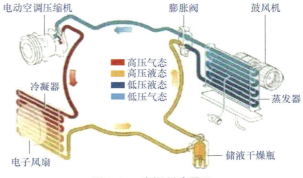

图 2-61 空调制冷原理

2-34 电动汽车空调制热的工作原理是什么？

加热系统由鼓风机和电加热器（PTC）、加热器水泵、加热器芯体等组成。

当自动空调系统处于加热模式时，加热器在高压电的作用下对冷却液进行加热，高温冷却液被加热器水泵抽入加热器芯。同时，冷暖温度控制电机旋转至采暖位置，气流在鼓风机的作用下流过加热器芯，产生热量传递。外部空气在进入乘客舱前，与加热后的空气混合，吹出舒适的暖风。空调加热系统工作原理如图 2-62 所示。

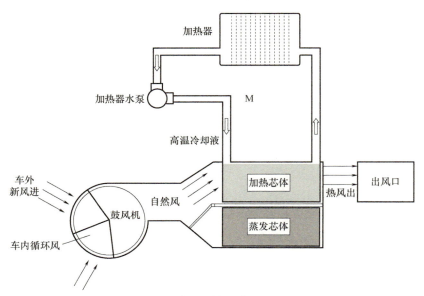

图 2-62　空调加热系统工作原理

2-35 什么叫热泵空调？与一般汽车空调有什么区别？

热泵空调与一般电动车配置的 PTC 空调不同，它可以有效减少能量消耗，增加续驶里程。

"热泵"不是泵，类似水泵将水从低处搬运到高处的特性，整个热泵系统可以把热量从温度低的地方搬运到温度高的地方。它是热量的"搬运工"，可以把低温"物体"（包括气体、液体）的热量吸收出来传递到工质内，再通过系统内对工质的压缩使其升温，最终将高温工质通过冷凝器和车内空气进行换热，实现暖风的功能。（夏天通过改变热转换的方向，从乘员舱吸收热量进行制冷。）整个过程中，电池的电能只应用在"搬运"热量上，从而达到省电的目的。

在冷天制热时，压缩机运转，转换阀控制冷媒循环流动方向。冷媒经压缩机加压成为高温高压蒸气状态，流经转换阀，流经冷凝器散热成为高压液态，在冷凝器处形成高温环境，鼓风机将热风吹入乘员舱，冷媒流经膨胀阀成为低压蒸气状态，在蒸发器处吸收环境空气中热量,继续循环流动至压缩机。在热天制冷时,压缩机运转,转换阀控制冷媒循环流动方向。冷媒经压缩机加压成为高温高压蒸气状态,流经转换阀,流经冷凝器散热成为高压液态,流经膨胀阀成为低压蒸气状态,在蒸发器处形成低温环境,鼓风机将冷风吹入车厢,冷媒继续循环流动至压缩机。热泵空调工作原理如图 2-63 所示。

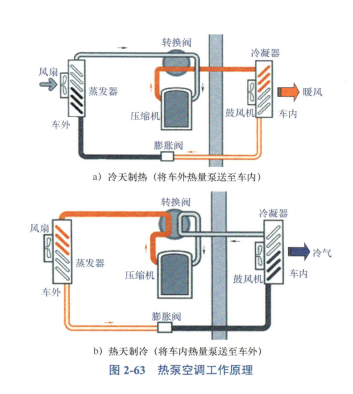

图 2-63 热泵空调工作原理

以大众 ID.4X 车型为例,该车装用的热泵空调系统组成部件如图 2-64 所示。

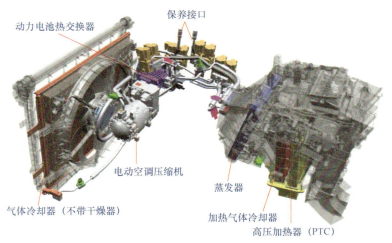

图 2-64 热泵空调系统组成部件

2-36 什么是智能网联汽车？有些什么特点？

智能网联汽车（Intelligent Connected Vehicle，ICV）是指车联网与智能车的有机联合，搭载先进的车载传感器、控制器、执行器等装置，并融合现代通信与网络技术，实现车与人、路、后台等智能信息交换共享，实现安全、舒适、节能、高效行驶，并最终可替代人来操作的新一代汽车。

车用无线通信技术（Vehicle to Everything，V2X）是将车辆与一切事物相连接的新一代信息通信技术，其中V代表车辆，X代表任何与车交互信息的对象，当前X主要包含车、人、交通路侧基础设施和网络。V2X交互的信息模式包括：车与车之间（Vehicle to Vehicle，V2V）、车与路之间（Vehicle to Infrastructure，V2I）、车与人之间（Vehicle to Pedestrian，V2P）、车与网络之间（Vehicle to Network，V2N）的交互。V2V技术允许车辆通过转发自身及前方的实时信息来预防事故的发生，从而实现改善交通环境，减少交通拥堵的目的。车联网技术的应用场景如图2-65所示。

图2-65　智能网联汽车应用场景

V2I技术通过无线的方式帮助车辆和路侧的交通设施实现数据交换，主要应用包括交叉路口安全管理、车辆限速控制、电子收费、运输安全管理以及道路施工和限高警示等。这项技术会推动交通设施智能化，包括禁止驶入灯标、天气信息系统等交通设施都可进化为可识别高风险情况并自动采取警示措施的智能交通设施。

目前V2X领域分为DSRC和C-V2X两个标准和产业阵营。在国内市场由于拥有全球最大的4G LTE网络和成熟的产业链，有分析认为国内V2X技术会向C-V2X倾斜。

2-37 驾驶辅助、自动驾驶与无人驾驶有什么区别？

美国汽车工程师协会将自动驾驶技术进行了分级，这是目前国际公认的术语界定，如图2-66所示。

自动驾驶分级		称呼（SAE）	SAE定义	主体			系统作用域
NHTSA	SAE			驾驶操作	周边监控	支援	
0	0	无自动化	由人类驾驶者全权操作汽车，在行驶过程中可以得到警告和保护系统的辅助。	人类驾驶者	人类驾驶者	人类驾驶者	无
1	1	驾驶支援	通过驾驶环境对方向盘和加减速中的一项操作提供驾驶支援，其他的驾驶动作都由人类驾驶员进行操作。	人类驾驶者系统			部分
2	2	部分自动化	通过驾驶环境对方向盘和加减速中的多项操作提供驾驶支援，其他的驾驶动作都由人类驾驶员进行操作。	系统			
3	3	有条件自动化	由无人驾驶系统完成所有的驾驶操作。根据系统请求，人类驾驶者提供适当的应答。			系统	
4	4	高度自动化	由无人驾驶系统完成所有的驾驶操作。根据系统请求，人类驾驶者不一定需要对所有的系统请求作出应答，限定道路和环境条件等。		系统		
	5	完全自动化	由无人驾驶系统完成所有的驾驶操作。人类驾驶者在可能的情况下接管。在所有的道路和环境条件下驾驶。				全域

图 2-66　汽车自动驾驶技术分级标准

L0 属于传统驾驶，L1 和 L2 属于驾驶辅助，L3~L5 属于自动驾驶，L5 的自动驾驶技术等级也称为"无人驾驶"。因此，按照自动驾驶技术等级划分，驾驶辅助 < 自动驾驶 < 无人驾驶。

驾驶辅助技术当前已经在量产车上部署，通常称为高级驾驶辅助系统（Advanced Driver Assistant Systems，ADAS）。

ADAS 是利用安装在车上各式各样的传感器，在汽车行驶过程中随时感应周围环境、收集数据，进行静态、动态物体的辨识、侦测与追踪，并结合导航仪地图数据，进行系统的运算与分析，从而预先让驾驶员察觉到可能发生的危险，有效增加汽车驾驶的舒适性和安全性。初级的 ADAS 以被动式报警为主，当车辆检测到潜在危险时，会发出警报提醒驾车者注意异常的车辆或道路情况。对于最新的 ADAS 技术来说，主动式干预已较为普遍。

驾驶辅助技术处于自动驾驶技术等级的 L1 和 L2，L1 阶段车辆开始介入制动与转向其中一项控制，分担驾驶员的工作，主要有自适应巡航（Adaptive Cruise Control，ACC）、车道保持功能（Lane Keep Assist，LKA）自动紧急制动（Automatic Emergency Braking，AEB）等功能。L2 阶段车辆开始接管纵向与横向的多个控制，驾驶操作由系统完成，但驾驶员注意力仍然要保持驾车状态，以便随时接管车辆。与 L1 的不同在于，横向和纵向系统需要进行融合。

2-38　ADAS 包括哪些方面的驾驶辅助功能？

现在的新能源汽车上搭载的驾驶辅助系统多为介于 L2 和 L3 之间的 ADAS（高级驾驶辅助系统），可以说是处于驾驶辅助技术的高级阶段，自动驾驶技术的初级阶段这么一个过渡的衔接期。ADAS 主要的细分功能见表 2-1 所示。

表 2-1　高级驾驶辅助系统主要功能

功能	自适应巡航系统（Adaptive Cruise Control，ACC）	前碰撞预防系统（Forward Collision Warning，FCW）	车道偏离预警系统（Lane Departure Warning，LDW）
描述	这是一项舒适性的辅助驾驶功能。如果车辆前方畅通，自适应巡航（ACC）将保持设定的最大巡航速度向前行驶。如果检测到前方有车辆，自适应巡航（ACC）将根据需要降低车速，与前车保持基于选定时间的距离，直到达到合适的巡航速度。自适应巡航也可称为主动巡航，类似于传统的定速巡航控制，该系统包括雷达传感器、数字信号处理器和控制模块	通过雷达系统来时刻监测前方车辆，判断本车与前车之间的距离、方位及相对速度，当存在潜在碰撞危险时对驾驶员进行警告。FCW系统本身不会采取任何制动措施去避免碰撞或控制车辆	系统主要由摄像头、控制器以及传感器组成。当车道偏离预警系统开启时，摄像头（一般安置在车身侧面或后视镜位置）会时刻采集行驶车道的标识线，通过图像处理获得汽车在当前车道中的位置参数。当检测到汽车偏离车道时，传感器会及时采集车辆数据和驾驶员的操作状态，之后由控制器发出警报信号，如果驾驶员打开转向灯，正常进行变线行驶，那么车道偏离预警系统不会做出任何提示
图例			
功能	车道保持辅助系统（Lane Keeping System，LKS）	盲点监测系统（Blind Spot Detection，BSD）	驾驶员疲劳预警系统（Driver Fatigue Monitor System，DFM）
描述	属于智能驾驶辅助系统中的一种。它可以在车道偏离预警系统（LDWS）的基础上对制动的控制协调装置进行控制。在车辆行驶时借助一个摄像头识别行驶车道的标识线，将车辆保持在车道上。可检测本车在车道内的位置，并可自动调整转向，使本车保持在车道内行驶	主要功能是监测后视镜盲区，车辆尾部两个雷达时刻监测车辆的侧后面和侧面状态，如果有其他车辆位于该区域内，驾驶员将通过后视镜上盲点警告指示灯和组合仪表获得相关警告，避免在车道变换过程中由于驾驶员未观察到后视镜盲区车辆而发生事故	主要是通过摄像头获取的图像，通过视觉跟踪、目标检测、动作识别等技术对驾驶员的驾驶行为及生理状态进行检测，当驾驶员发生疲劳、分心、打电话、抽烟等危险情况时在系统设定时间内报警以避免事故发生。通过分析驾驶员的疲劳特征（如打哈欠、闭眼等），对疲劳行为及时发出疲劳驾驶预警
图例			

（续）

功能	自动泊车系统（Automatic Parking Assist，APA）	自适应灯光控制（Adaptive Light Control，ALC）	全景泊车停车辅助系统（Surround View Cameras，SVC）
描述	通过控制车辆的加减速和转向角度自动停放车辆。该系统通过 AVM（环视）和 USS（超声波雷达）感知泊车环境，使用 IMU 和车轮传感器估计车辆姿态（位置和行驶方向），并根据驾驶员的选择自动或手动设置目标泊车位。然后系统进行自动泊车轨迹计算，并通过精确的车辆定位与车辆控制系统使车辆沿定义的泊车轨迹进行全自动泊车，直至到达最终目标泊车位	系统由四部分组成：传感器、ECU、车灯控制系统和前照灯。车速传感器和方向盘转角传感器不断地把检测到的信号传递给 ECU，ECU 根据传感器检测到的信号进行处理，把处理完后的数据进行判断，输出前照灯转角指令，使前照灯转过相应的角度。AFS 自动控制前照灯实时进行上下、左右照明角度的调整，为驾驶员提供最佳道路照明效果	系统由安装在车身前后左右的四个超广角鱼眼摄像头，同时采集车辆四周的影像，经过图像处理单元畸变还原→视角转化→图像拼接→图像增强，最终形成一幅车辆四周无缝隙的360°全景俯视图。在显示全景图的同时，也可以显示任何一方的单视图，并配合标尺线准确地定位障碍物的位置和距离
图例			
功能	行人检测系统（Pedestrian Detection System，PDS）	交通信号及标志牌识别（Road Sign Recognition，RSR）	智能车速控制（Intelligent Speed Adaptation，ISA）
描述	车辆行驶途中可以利用摄像头和雷达来探测到四面行人，在安全距离内及时控速	让车辆能够自动识别交通信号或者标志牌，比如最高限速，或者停车等标示	该系统能识别交通标识，并根据最高限速信息控制车速，确保驾驶者在法定限速内行驶，有效避免驾驶员在无意识情况下的超速行为
图例			

（续）

功能	自动紧急制动 AEB（Emergency Braking，Autonomous）	汽车夜视系统（Night Vision System，NVS）	抬头显示器（Heads-Up Display，HUD）
描述	系统采用摄像头或雷达测出与前车或者障碍物的距离，然后利用数据分析模块将测出的距离与警报距离、安全距离进行比较，小于警报距离时就进行警报提示，而小于安全距离时即使在驾驶员没有来得及踩制动踏板的情况下，AEB 系统也会启动，使汽车自动制动	汽车夜视系统利用红外线技术，使驾驶员在黑夜里看得更远更清楚。夜视系统的结构由 2 部分组成：一部分是红外线摄像机，另一部分是光显示系统	HUD 又被叫作平视显示系统，它的作用，就是把车速、发动机转速、导航的方向、距离及剩余里程等重要的行车信息，投影到驾驶员前面的风窗玻璃上，让驾驶员尽量做到不低头就能看到时速、导航等重要的驾驶信息
图例		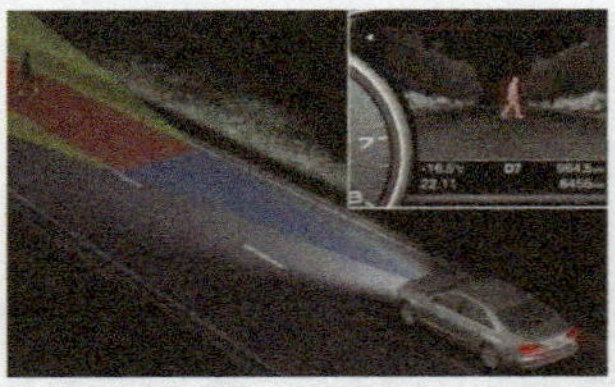	

第 3 章　汽车发动机

3-1　汽车发动机有哪些类型？

常见的汽车发动机有汽油发动机与柴油发动机。这两种发动机最大的区别在于使用燃料的不同。因为燃料的特性不一样，决定它们的结构也有所区别。汽油机比柴油机多出点火系统，因为柴油机采用压燃的方式，不须点火，在气缸压缩温度达到着火点后即自行燃烧。

汽车发动机的分类见图 3-1。

汽车发动机的分类：

- 一、按燃料类别
  1. 柴油发动机（欧系小汽车多用，此外，商用车也多用柴油机）
  2. 汽油发动机（一般小汽车都采用此类发动机）
  3. CNG发动机 多用于出租车上
  4. LPG发动机 多用于公共客车上
  5. 汽油/CNG双燃料发动机

- 二、按做功行程
  1. 四冲程发动机（目前，绝大多数汽车发动机属于此类）
  2. 二冲程发动机（主要应用于摩托车）

- 三、按气缸数目
  1. 单/双缸发动机（多用于摩托车）
  2. 三缸发动机（少见，微型车、经济型轿车、增程式电动车中偶有用到）
  3. 四缸发动机（当前汽车配置最多的一种发动机，一般为直列式，也有水平对置式）
  4. 五缸发动机（少见，形式为直列）
  5. 六、八、十、十二缸发动机（多为V、W型，属于中高级、豪华轿车的配置，其中，V型六缸汽油机应用最为广泛）

- 四、按气缸排列
  1. L直列发动机（多为3、4、5、6缸）
  2. V型发动机（多为6、8、10、12缸）
  3. W型发动机（多为12、16缸）
  4. 水平对置发动机（多为4、6缸）

- 五、按冷却方式
  1. 水冷发动机（汽车发动机中最多的一种）
  2. 风冷发动机（多见于单、双缸的摩托车用发动机，汽车中跑车也有用到）

- 六、按活塞形式
  1. 往复活塞发动机（汽车发动机应用最多的一种）
  2. 转子活塞发动机（少见，马自达RX-8跑车有用到）

- 七、按供油方式
  1. 化油器式发动机（早期汽车所用汽油发动机形式）
  2. 电控/喷发动机（现在，所有生产装配的发动机都是带电子控制的了）
  3. 直喷发动机

直列4缸水冷电控四行程往复式汽油发动机

V型六缸发动机的缸体

W型12缸6.0L发动机

水平对置发动机

图 3-1　汽车发动机的分类

常见汽车发动机类型

3-2 什么是四冲程发动机？它是怎样工作的？

四冲程发动机指曲轴转两圈，活塞上下往复运动四次，完成一个工作循环的发动机。它是最常用的汽车发动机，四冲程汽油发动机工作原理如图 3-2 所示。

汽油发动机工作过程演示

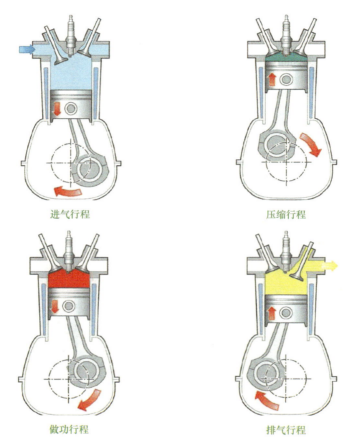

图 3-2 四冲程汽油发动机工作原理

进气行程：发动机进气门开启，排气门关闭，活塞从上止点向下止点移动，活塞上方的容积增大，从而气缸内的压力降低到大气压力以下，即在气缸内产生真空吸力。这样，可燃混合气（歧管燃油喷射）或新鲜空气（缸内燃油直喷）便经进气歧管和进气门被吸入气缸。

压缩行程：为使吸入气缸的可燃混合气能迅速燃烧，必须在燃烧前将其压缩。在压缩行程中，进、排气门全部关闭，曲轴推动活塞从下止点向上止点移动，把可燃混合气压至燃烧室。

做功行程：压缩行程终了时，进、排气门仍关闭，喷油器向缸内喷射燃油（直喷型发动机）同时火花塞发出电火花点燃混合气，迫使活塞迅速下行经连杆推动曲轴旋转做功。

排气行程：可燃混合气燃烧后生成的废气必须从气缸中排除，以便进行下一个进气行程。当做功行程终了时，排气门开启，靠废气的压力进行自由排气，活塞到达下止点后再向上移动时，继续将废气排出气缸。

柴油机的工作包括进气、压缩、做功和排气这四个行程，这四个行程构成了一个工作循环。活塞走完四个行程才能完成一个工作循环的柴油机称为四冲程柴油机。如图 3-3 所示。

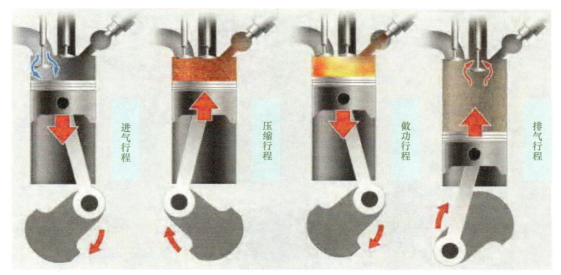

图 3-3　四冲程柴油发动机工作原理

进气行程：它的任务是使气缸内充满新鲜空气。当曲轴旋转肘，连杆使活塞由上止点向下止点移动，同时，利用与曲轴相连的传动机构使进气阀打开。随着活塞的向下运动，气缸内活塞上面的容积逐渐增大；造成气缸内的空气压力低于进气管内的压力，因此外面空气就不断地充入气缸。

压缩行程：压缩时活塞从下止点向上止点运动，当活塞上行，进气阀关闭以后，气缸内的空气受到压缩，随着容积的不断变小，空气的压力和温度也就不断升高，柴油发动机的压缩比为 15~23（为汽车发动机的 2~3 倍），燃烧室温度可达到 500~800℃。

做功行程：当活塞将要完成向上行程时，喷油嘴将高压燃油喷进已达到高压和高温的空气，空气的高温使燃油自烧。燃烧时放出大量热量，因此气体的压力和温度便急剧升高，活塞在高温高压气体作用下向下运动，并通过连杆使曲轴转动，对外做功。

排气行程：排气行程的功用是把膨胀后的废气排出去，以便充填新鲜空气，为下一个循环的进气做准备。当工作冲程活塞运动到下止点附近时，排气阀开起，活塞在曲轴和连杆的带动下，由下止点向上止点运动，并把废气排出气缸外。

四冲程柴油机工作原理

3-3　汽油发动机的结构是怎样的？

汽油发动机是由曲柄连杆和配气两大机构，以及冷却、润滑、点火、燃料供给、起动五大系统组成。发动机系统组成见图 3-4。

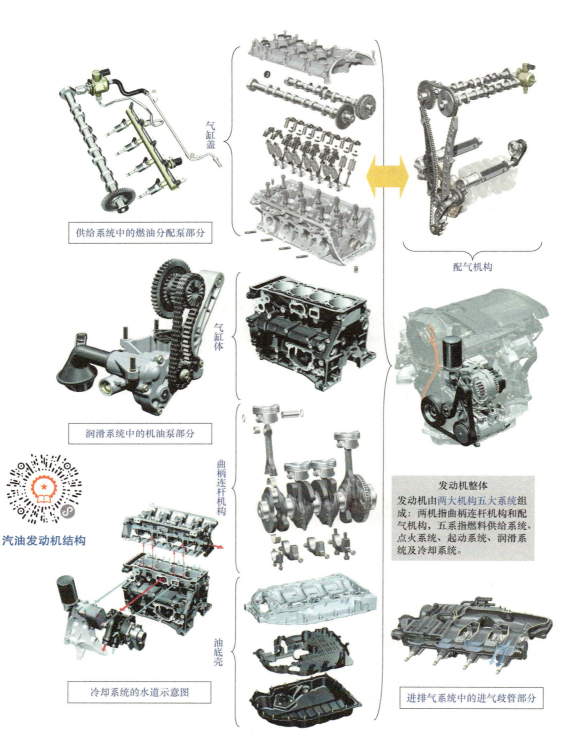

图 3-4 发动机系统组成

3-4 柴油发动机的结构是怎样的？

柴油机和汽油机一样，每个工作循环也经历进气、压缩、做功和排气四个行程。它与汽油机的不同之处在于，在压缩行程接近终了时，柴油经喷油器喷入气缸，在很短的时间内与压缩后的高温空气混合后便立即自行燃烧。因此，柴油机燃烧对空气温度有一定要求，这也是柴油机在低温地区或冬季难以起动的原因。

常见的直列式与V型柴油发动机的部件分布和名称如图3-5、图3-6所示。

图 3-5 直列四缸柴油机剖体图

图 3-6 V型六缸柴油机剖体图

3-5 汽车发动机活塞行程、排量、压缩比、空燃比分别指的是什么？

上止点：活塞在气缸内做往复直线运动时向上运动到的最高位置。
下止点：活塞在气缸内做往复直线运动时向下运动到的最低位置。
活塞行程：活塞在两个止点间移动的距离，即上下止点间的距离，如图 3-7 所示。

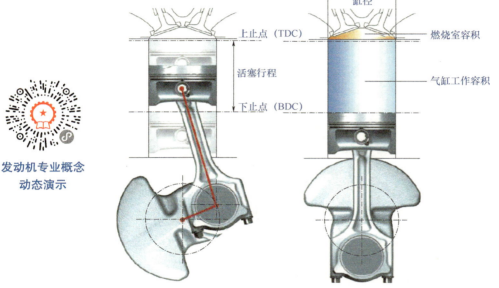

发动机专业概念动态演示

图 3-7　发动机基本概念

燃烧室容积：活塞处于上止点时，其顶部与气缸盖之间的容积。

气缸总容积：活塞处于下止点时，其顶部与气缸盖之间的容积。

气缸工作容积：气缸总容积与燃烧室容积之差，即活塞在上下止点间运动所扫过的容积。

压缩比：就是发动机混合气体被压缩的程度，用压缩前的气缸总容积与压缩后的气缸容积（即燃烧室容积）之比表示，如图 3-8 所示。压缩比与发动机性能有很大关系，通常低压缩比指的是压缩比在 10 以下，高压缩比在 10 以上，相对来说压缩比越高，发动机的动力就越大。

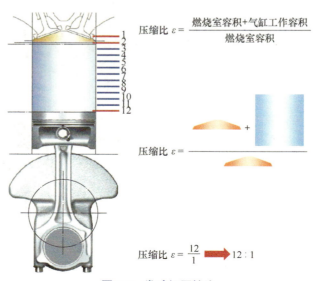

图 3-8　发动机压缩比

发动机排量：发动机各气缸工作容积的总和。如图3-9所示。

图3-9　发动机排量与类型标识（别克V6与奥迪V8发动机）

空燃比：表示空气和燃料质量的混合比，将实际空燃比与理论当量空燃比14.7的比值定义为过量空气系数，用符号λ表示，如图3-10所示。

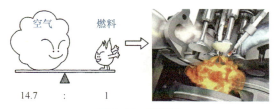

图3-10　空燃比

3-6　水平对置式发动机有些什么特点？

水平对置发动机又被称为BOXER发动机。BOXER原意是拳击手，水平对置发动机汽缸分成左右两边，活塞作180°的对向运动，如同拳击手出拳的姿势。图3-11所示为丰田与斯巴鲁联合开发的BOXER发动机，并搭载于各自的跑车上作为动力装置。

水平对置发动机的最大优点是重心低。由于它的气缸"平放"，不仅降低了汽车的重心，还能让车头设计得又扁又低，这些因素都能增强汽车的行驶稳定性。同时，水平对置的气缸布局是一种对称稳定结构，这使得发动机的运转平顺性比V型发动机更好，运行时的功率损耗也最小。当然更低的重心和均衡的分配也为车辆带来了更好的操控性。它的不足是横置的气缸因为重力的原因，会使机油流到底部；汽车气缸的一侧得不到充分的润滑，同时活塞水平放置和其自身重力的作用，水平往返运行中的顶部和底部与缸套的摩擦程度就不一样，使得缸套的上下两个里面出现不同的磨损，底部磨损要多一些。水平对置式发动机日本斯巴鲁的车型应用最多，其次保时捷部分车型也有搭载。主要车型有斯巴鲁森林人、XV、BRZ（丰田 GT86/GR86）、力狮和傲虎，保时捷的 718、911。水平对置发动机的结构特点如图 3-12 所示。

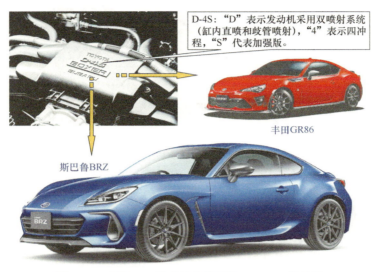

图 3-11 丰田 D4S 技术结合斯巴鲁 BOXER 发动机

水平对置发动机运行演示

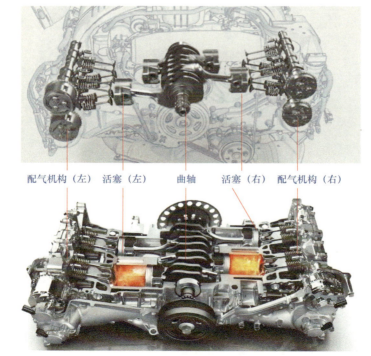

图 3-12 水平对置发动机结构特点

3-7 转子发动机结构是怎样的？是如何工作的？

与活塞式发动机一样，转子发动机也是利用空气、燃油混合气燃烧产生的压力驱动曲轴旋转做功。在活塞式发动机中，该压力保存在气缸中，驱使活塞运动。转子发动机结构如图 3-13 所示。

图 3-13　转子发动机结构

在转子发动机中，燃烧产生的压力保存在壳体和三角形转子（在该发动机中用来代替活塞）构成的密封室中。转子有三个凸面，每个凸面相当于一个活塞。转子的每个凸面都有一个凹陷，用于增加发动机的排气量，容纳更多空气和燃油的混合气。

转子有一组内部轮齿，位于其中一个侧面的中心。它们与固定到壳体的齿轮相啮合。这种啮合决定了转子在壳体内运动的路径和方向。壳体大致呈椭圆形。壳体的每一部分都专用于燃烧过程的一部分。燃烧过程的四部分包括：进气、压缩、做功（燃烧）和排气。当转子在壳体内转动时，会推动凸轴旋转；转子每转一周，凸轴会旋转三周。转子发动机工作循环如图 3-14 所示。

转子发动机
运行演示

T.D.C. 　　B.D.C. 　　T.D.C. 　　B.D.C. 　　T.D.C.
　进气行程　　　压缩行程　　　做功行程　　　排气行程

图 3-14　转子发动机的工作循环

3-8 阿特金森发动机是什么样的发动机？有什么特点？

1862年法国一位工程师首先提出四冲程循环原理，1876年德国工程师尼古拉斯·奥托利用这个原理发明了发动机，故把这种循环命名为奥托循环，采用奥托循环的发动机即为奥拓循环发动机。奥托循环的一个周期是由进气、压缩、做功和排气四个行程组成的。奥托循环又称四冲程循环，和阿特金斯发动机不同的是，奥托循环的活塞行程是等长的，压缩比和膨胀比是相同的。

1882年，英国工程师詹姆士·阿特金森（James Atkinson）发明了一款发动机，这款发动机压缩行程和做功行程的活塞位移是不一样的。阿特金森发动机使用了较为复杂的活塞连杆，模型如图3-15所示。通过一系列的机械连杆，使活塞下压的行程小于上升的行程，使活塞的循环往复运动变得不等长。既能有效改良进排气情况，更长的膨胀行程也能更有效的利用燃烧后废气，间接提高了压缩比，所以燃油效率也比奥托循环更高。

图 3-15　阿特金森循环发动机模型

1940年，美国工程师拉夫.米勒（Ralph Miller）遵循阿特金森可变压缩比发动机的思路，但是舍弃了复杂的连杆结构，另辟蹊径采用配气时机来制造可变压缩比的效果。在进气行程结束时，推迟气门的关闭，这就将吸入的混合气又"吐"出去一部分，再关闭气门，开始压缩冲程，也就是可变气门正时的先驱：通过控制气门的开启和关闭的时机，来达到改变压缩比的目的，这就是米勒循环。米勒循环发动机工作原理如图3-16所示。

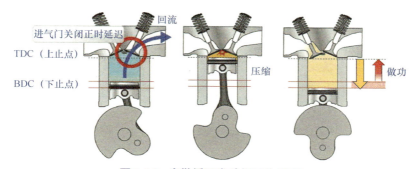

图 3-16　米勒循环发动机工作原理

3-9　涡轮增压器是什么部件？是怎样工作的？

发动机的进气系统按进气方式可分为自然进气系统及增压进气系统两大类。最常见的发动机增压系统有机械增压与废气涡轮增压两种。发动机以机械传动方式驱动机械增压器增压，称为机械增压。利用发动机废气能量驱动涡轮增压器，称为废气涡轮增压（简称涡轮增压）。

涡轮增压器由进气端和排气端两部分组成，发动机排出的废气可以推动涡轮排气端内的叶片，由于这个叶片通过轴承与进气端内的叶片相连，所以排气端叶片就可以带动进气端叶片，而进气端叶片快速转动产生的作用就是可以将更多的新鲜空气压入进气道，由此来提高发动机的效率。涡轮增压器运作如图 3-17 所示。

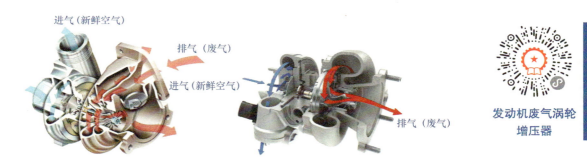

图 3-17　涡轮增压器运作示意图

发动机废气涡轮增压器

中间冷却器或进气冷却器是外观像散热器一样的附加组件，只不过空气同时从中间冷却器的内部和外部经过。涡轮吸入的空气通过密封管路流过冷却器，而发动机冷却风扇吹出的冷风从它外部的散热片流过。

涡轮增压器实际上是一种空气压缩机，通过压缩空气来增加进气量。它是利用发动机排出的废气惯性冲力来推动涡轮室内的涡轮，涡轮又带动同轴的叶轮，叶轮压送由空气滤清器管道送来的空气，使之增压进入气缸。当发动机转速提高，废气排出速度与涡轮转速也同步增加，叶轮就压缩更多的空气进入气缸，空气的压力和密度增大可以燃烧更多的燃料，相应增加燃料量和调整发动机的转速，就可以增加发动机的输出功率了。废气涡轮增压器内部构造如图 3-18 所示。

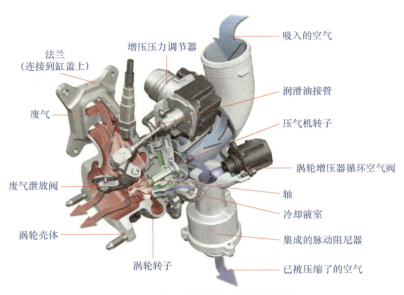

图 3-18 废气涡轮增压器内部构造

3-10 什么是机械增压器？罗茨式增压器的结构是怎样的？

机械增压器是一种强制性容积置换泵，简称容积泵。它跟涡轮增压器一样，可以增加进气管内的空气压力和密度，往发动机内压入更多的空气，使发动机每个循环可以燃烧更多的燃油，从而提高发动机的升功率和平均有效压力，使汽车动力性、燃油经济性和排放都得到改善。机械增压器本质上是一台罗茨鼓风机。机械增压器结构如图 3-19 所示。

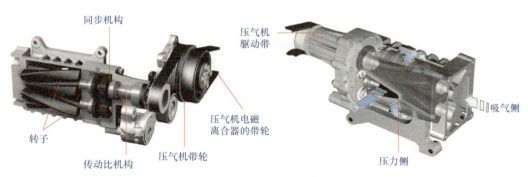

图 3-19 机械增压器结构

机械式压气机的两个转子的形状是这样设计的：当转子转动时，吸气侧的容积就变大。于是就会吸入新鲜空气，且转子会将新鲜空气送至压气机的压力侧。在压力侧，两个转子之间的容积又在变小。于是空气就被压向废气涡轮增压器的方向。增压压力通过变换调节翻板的位置来进行调节。如果调节翻板关闭，压气机在该转速时产生最大增压压力。机械式压气机工作原理如图 3-20 所示。

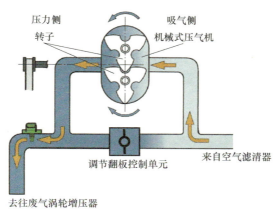

发动机机械增压器

图 3-20　机械式压气机工作原理

罗茨式增压器属于机械增压器的类型之一。"罗茨式增压器"这个名称来源于 Philander 和 Francis Roots 兄弟，他们在 1860 年就将此技术申请专利了。罗茨式增压器的结构形式就是旋转活塞式机构，按容积泵原理工作，无内部压缩。压气机模块（罗茨式增压器）内集成有罗茨式鼓风机和增压空气冷却系统，在某些发动机上还有旁通调节装置。

压气机模块有个壳体，壳体内有两个转子在转动，如图 3-21 所示。

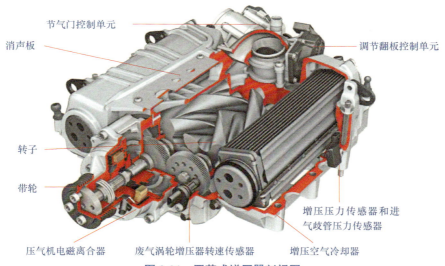

图 3-21　罗茨式增压器剖视图

罗茨式增压器配备的是四叶型转子，两个转子的每个叶片相对于纵轴扭转 160°，因此可实现连续而少波动的空气供给模式。两个转子采用机械式驱动形式，比如由曲轴通过 V 带机构来驱动。这两个转子通过壳体外的一对齿轮来同步连接并按相反方向转动。于是两个转子就相互啮合了。在这种结构中，重要的是转子彼此间和与壳体间要密封。其困难之处在于摩擦要尽可能小（要尽可能没摩擦）。在工作时（转子在转动），空气由叶片和外壁之间从空气入口（吸气侧）向空气出口（压力侧）输送。输送空气的压力来自回流。

罗茨式增压器采用机械增压方式，它是一种旋转活塞式结构的装置，如图 3-22 所示。该装置采用挤压原理工作，内部并无压缩过程。该增压器有一个壳体，壳体内有两个轴（转子）在转动。这两个转子是由壳体外的齿轮来传动的（传动比相同），两个转子同步转动，但旋向相反。于是两个转子工作起来就像在"彼此啮合"。

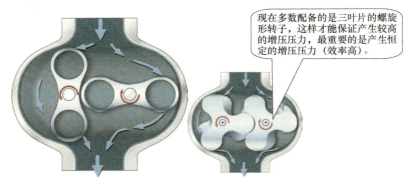

> 现在多数配备的是三叶片的螺旋形转子，这样才能保证产生较高的增压压力，最重要的是产生恒定的增压压力（效率高）。

图 3-22　罗茨式增压器原理

在全负荷工况，空气经节流阀、罗茨式增压器和增压空气冷却器流向发动机，如图 3-23 所示。

奥迪压气机技术

图 3-23　全负荷工况

在部分负荷、急速和超速工况，输送过来的部分空气经打开的旁通通道被引回到进气侧，如图 3-24 所示。

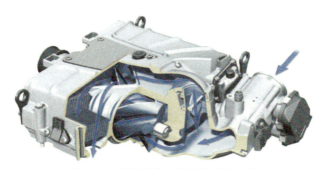

图 3-24　部分负荷、急速和超速工况

3-11 缸内直喷是什么技术？是怎样工作的？

缸内直喷（GDI）就是直接将燃油喷入气缸内与进气混合的技术，燃油喷射器安装位置如图 3-25 所示。优点是油耗量低，升功率大，压缩比可高达 12，与同排量的一般发动机相比功率与转矩都提高了 10%。空燃比能达到 40∶1（一般汽油发动机的空燃比是 14.7∶1），也就是人们所说的"稀燃"。汽车缸内直喷技术（Gasoline Direct Injection）在不同汽车品牌中各自有着不同的名称，比如奔驰 CGI、宝马 HPI、奥迪 TFSI、大众 TSI、通用 SIDI、福特 EcoBoost、丰田 D4。

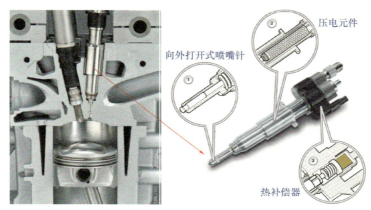

图 3-25 燃油喷射器安装位置

缸内燃油喷射系统组成部件如图 3-26 所示。

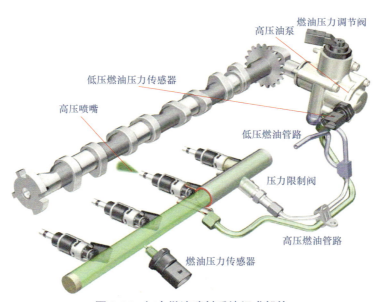

图 3-26 缸内燃油喷射系统组成部件

高压燃油喷射系统

燃油系统由低压系统和高压系统两部分构成。在低压系统中，电动燃油泵将燃油经滤清器供应给高压泵。从高压泵来的回油直接进入燃油箱。在高压系统中，单活塞高压泵将 4~35MPa（取决于负荷和转速）的燃油送入燃油分配管，分配管再将燃油分配给四个高压喷油阀。过压阀用于保护工作在高压下的部件。它在压力高于 12MPa 时会打开。过压阀打开时流出的燃油会进入高压泵的供油管内。燃油系统原理如图 3-27 所示。

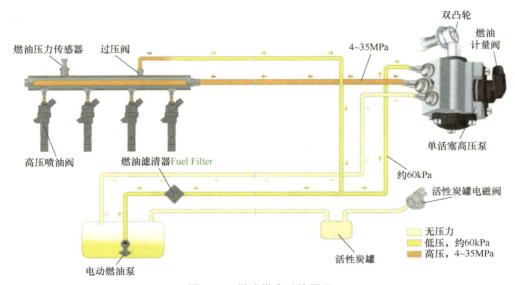

图 3-27　燃油供应系统原理

3-12　气门正时与升程可变是什么技术？是怎样工作的？

丰田 VVT-i（智能可变气门正时）技术被广泛地运用在其所生产的发动机上。当发动机由低速向高速转换时，电子计算机就自动地将机油压向进气凸轮轴驱动齿轮内的小涡轮，这样，在压力的作用下，小涡轮就相对于齿轮壳旋转一定的角度，从而使凸轮轴在 60°的范围内向前或向后旋转，从而改变进气门开启的时刻，达到连续调节气门正时的目的，控制器部件结构如图 3-28 所示。进气凸轮轴"通过调整凸轮轴转角"在发动机中低速运转时缩小"气门叠开阶段"时间，高速运转时扩大"气门叠开阶段"时间，使发动机在中低转速时产生足够的转矩，在高转速时又能提供强大的动力，从而改善了发动机的工作性能。

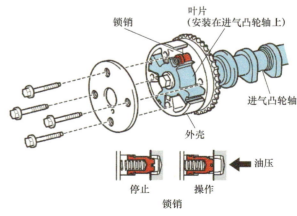

图 3-28　VVT-i 控制器部件结构

凸轮轴正时机油控制阀内部结构如图 3-29 所示。

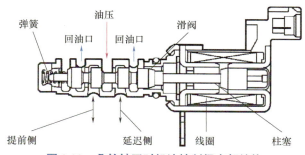

图 3-29　凸轮轴正时机油控制阀内部结构

由发动机 ECU 控制的凸轮轴正时机油控制阀的所放置位于如图 3-30 所示状态时，油压作用于气门正时提前侧的叶片室，使进气凸轮轴向气门正时的提前方向旋转。

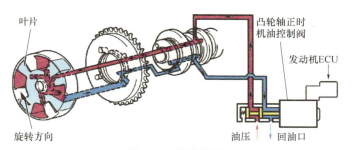

图 3-30　提前控制

丰田发动机 VVT-i 技术演示

由发动机 EUC 控制的凸轮轴正时机油控制阀的所放置位于如图 3-31 所示状态时，油压作用于气门正时延迟侧的叶片室，使进气凸轮轴向气门正时的延迟方向旋转。

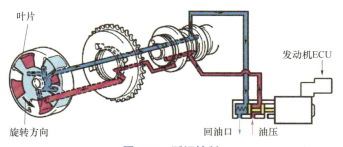

图 3-31　延迟控制

3-13　气缸关闭是什么技术？是怎样工作的？

德国奥迪公司开发的气门升程系统 AVS- 技术是一种较为典型的气缸关闭系统。按照点火顺序，总是 2 缸和 3 缸被关闭，如图 3-32 所示。在关闭气缸时，其换气阀保持关闭状态，喷射系统和点火系统也一直保持关闭状态。

发动机气缸
关闭系统

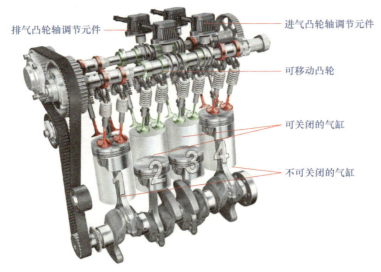

图 3-32　气缸关闭示意图

为了避免在切换过程中出现转矩波动，就将进气歧管内的压力调至很低。在充气过程中，点火角按照充气程度向延迟方向移动，以便保持转矩恒定。在达到了规定充气程度时，首先是 2 和 3 缸排气门关闭，然后是其进气门关闭。完成最后换气后，不会再喷油了，于是新鲜空气就被困在燃烧室内了。

激活 2 和 3 缸是与关闭相同的顺序进行的。首先打开排气门，然后打开进气门，这样的话可使困住的新鲜空气进入排气系统。这样会导致的废气变稀，会由喷射系统向 1 和 4 缸内喷油来进行补偿。这样的话，λ 调节就可继续正常工作了。

每个可关闭的气缸，在气缸盖罩上都各有一个排气凸轮调节元件和一个进气凸轮调节元件。与以前使用的 AVS 系统不同：以前的 AVS 系统的每个运动方向都要有一个单独的调节元件；现在两个调节器合成了一个部件，其结构与别的带有 AVS 的发动机上的单个调节元件相似。调节器内部结构如图 3-33 所示。

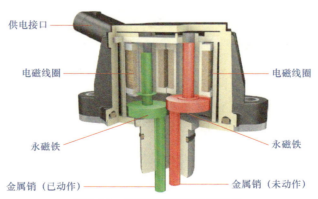

图 3-33　凸轮轴调节器内部结构

处于气缸关闭模式时，接通相应的凸轮调节元件，其金属销就会插入到可移动凸轮的槽内，如图 3-34 所示。于是在凸轮轴继续运转过程中，该凸轮就会在花键上轴向移动并锁定。滚子摇臂这时就在所谓的"零凸轮"上运行了。这个凸轮没有凸起部位（无升程），于是相应的气门也就没有往复直线运动了。被关闭气缸上的所有气门都静止不动。

气缸关闭模式　　　　　　　　　气缸运行模式
（凸轮块被推至零凸轮状态）　　（凸轮块被推回到正常工作状态）

图 3-34　2 缸进气侧的气门关闭状况

第 4 章　新能源汽车

4-1　什么是能源与新能源？

1980年联合国召开的"联合国新能源和可再生能源会议"对新能源的定义为：以新技术和新材料为基础，使传统的可再生能源得到现代化的开发和利用，用取之不尽、周而复始的可再生能源取代资源有限、对环境有污染的化石能源，重点开发的新能源包括太阳能、风能、生物质能、潮汐能、地热能、氢能和核能（原子能）。

新能源一般是指在新技术基础上加以开发利用的可再生能源，包括太阳能、生物质能、风能、地热能、潮汐能、风能和核能，以及海洋表面与深层之间的热循环等；而已经广泛利用的煤炭、石油、天然气、水能等能源，称为常规能源。能源分类如图4-1所示。随着常规能源的有限性以及环境问题的日益突出，以环保和可再生为特质的新能源越来越得到各国的重视。

地球新能源类型

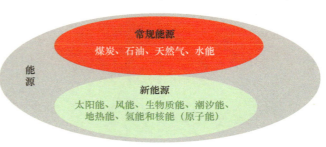
图 4-1　能源分类

4-2　什么是新能源汽车？有哪些类型？

依照中华人民共和国工业和信息化部2009年6月17日发布的《新能源汽车生产企业及产品准入管理规则》，新能源汽车是指采用非常规的车用燃料作为动力来源（或使用常规的车用燃料、采用新型车载动力装置），综合车辆的动力控制和驱动方面的先进技术，形成的技术原理先进、具有新技术、新结构的汽车。

新能源汽车主要包括混合动力汽车、纯电动汽车（BEV，包括太阳能电动汽车）、燃料电池电动汽车（FCEV）、氢能源动力汽车、其他新能源（如高效储能器、二甲醚）汽车等。新能源汽车产品类型如图4-2所示。

电动汽车指的是所有使用电能驱动的汽车。这包括动力电池驱动汽车和混合动力汽车或搭载燃料电池的汽车。

全部或部分由驱动电机驱动、并配置大容量电能储存装置的汽车统称为电动汽车（Electric Vehicle，EV），包括纯电动汽车（Battery Electric Vehicle，BEV）、混合动力电动汽车（Hybrid Electric Vehicle，HEV）和燃料电池电动汽车（Fuel Cell Electric Vehicle，FCEV）三种类型。燃油与电动车型的进化关系如图4-3所示。

图4-2 新能源汽车产品类型划分

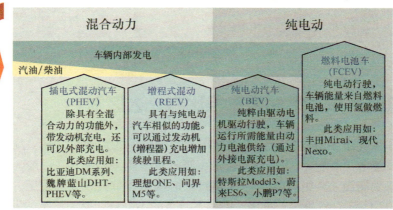

图4-3 燃油与电动车型的进化关系

4-3 电动汽车为什么会兴起?

环境变化以及化石资源的使用约束(资源来源、价格)使各国改变了其能源方针,从而使社会能源结构发生变化。

世界各国分别制定了国家排放限制。一般而言,这些限制包括限制二氧化碳或其他对环境形成污染的气体的直接排放。

各国主要城市中心城区"低排放"或"零排放"区的引入将加速电动汽车的普及。越来越多的公司对电动汽车领域进行投资,并通过与科研机构的合作提升了技术创新水平并将其投入量产应用。新能源电动汽车兴起的相关因素分析如图4-4所示。

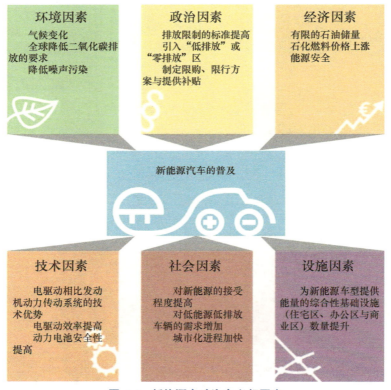

图4-4 新能源电动汽车兴起因素

4-4 电动汽车与燃油汽车相比有什么区别?

电动汽车最突出的特点是动力系统使用驱动电机而非发动机驱动,纯电动汽车完全由动力电池提供能源(电能),插电混动及油电混动汽车则采用燃油(一般为汽油或柴油)加动力电池的双重能源(热能与电能),车辆行驶时视需要单独或叠加使用,结构特点简图如图4-5所示。与传统的燃油汽车对比,结构上显著的不同点,燃油汽车的发动机替换为电驱装置（驱动电机＋电机控制器），燃油箱则替换为动力电池包，由于电机转速直接可控，所以之前结构复杂的变速器也得以简化，另外四驱型汽车的前后桥动力传递也无须由中间传动轴或分动器来完成，前后电驱装置可以实现单独控制。

图 4-5　燃油、纯电动、插电混动车型结构特点

4-5　电动汽车有哪些优势？

相比目前普遍使用的内燃机（汽油发动机与柴油发动机）车辆，电动汽车具有以下明显优势。

1）电动驱动装置行驶较发动机运行起来更加安静，因此电动汽车的噪声非常低。

2）电动汽车在行驶过程中不会排放有害物质和温室气体。如果车辆的动力电池由可再生能源进行充电，则电动车不会排放任何二氧化碳气体。

3）在不久的将来，极度拥挤的市中心将成为"零排放"区，在其中则只能驾驶电动车辆。

4）电动驱动装置驱动电机十分强劲，基本不需要维护，只会发生少量机械磨损。

5）电动驱动装置驱动电机效率极高（96%），而发动机的能量转化效率仅为35%~40%。

6）电动驱动装置驱动电机拥有卓越的转矩和输出特性，从静止开始便可产生最大转矩。这使得电动汽车较内燃机汽车而言可在最大功率相同的情况下动力响应更快速。

7）驱动系设计更加简单，因为电动车不再需要装备变速器、离合器、消声器、微粒过滤器、油箱、起动电机、交流发电机及火花塞等。

8）在车辆制动时，电动机还可用作交流发电机，用于发电并为蓄电池充电（再生制动）。

9）只在用户需要的时候提供能量。与传统车辆相比，车辆停止时（如遇红灯），电动驱动装置驱动电机不再运行。电动驱动装置更节能，尤其在交通堵塞时。

4-6 纯电动汽车有些什么特点？

相对燃油汽车发动机、变速器、底盘三大件而言，纯电动汽车的三大件则是电池、电机、电控，图 4-6 所示为特斯拉 Model 3 高压部件。电动汽车使用公用超级充电站或快换（电池）站补能。纯电动汽车之品质差异取决于这三大部件，其价值高低也取决于这三大部件的品质。目前国外知名电动汽车品牌有美国的特斯拉，国内有蔚来、小鹏及埃安等，这些都是只生产纯电动汽车的汽车厂商。

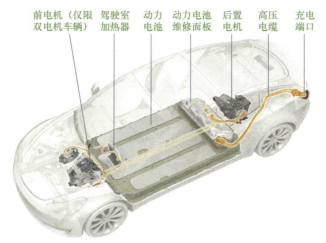

图 4-6　特斯拉 Model 3 高压部件

4-7 纯电动汽车的内部结构是怎样的？

电动车的基本结构主要可分为三个子系统，即主能源系统（电动源）、电力驱动系统和能量管理系统。其中电力驱动系统又由电控系统、电机、机械传动系统等部分组成；主能源系统又由主电源和能量管理系统构成，能量管理系统是实现电源利用控制、能量再生、协调控制等功能的关键部件。电力驱动及控制系统是电动汽车的核心，也是区别于发动机汽车的最大不同点。

电动汽车的能量流：动力电池→电力调节器→驱动电机→动力传动系统→驱动汽车行驶。

图 4-7 所示为特斯拉电动汽车 Model S 车型结构。

与燃油汽车相比，电动汽车结构更灵活。电动汽车采用电力作为能源，由电动源和电动机驱动，电力驱动及控制系统是电动汽车的核心，也是区别于内燃机汽车的最大不同点。传统内燃汽车的能量是通过刚性联轴器和传动轴传递的，而电动车的能量可以通过柔性的电线传输，因此，电动汽车各部件的布置具有很大的灵活性。

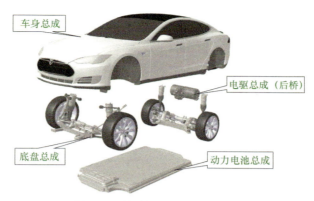

图 4-7　特斯拉 Model S 车型结构

4-8　纯电动汽车是怎样工作的？

以大众高尔夫纯电动汽车为例，除了通过再生性制动，动力电池只能通过交流充电插座或公共充电站的直流充电装置进行外部充电。除了高压系统，车辆还带有 12V 车载供电转换器和 12V 低压蓄电池。85kW 电动机/发电机通过一个减速器和差速器将输出传导至驱动轮。车辆驱动单元与高压系统部件分布如图 4-8 所示。纯电动车辆工作模式如表 4-1 所示。

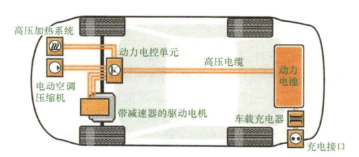

图 4-8　车辆驱动单元与高压系统部件分布

表 4-1　纯电动车辆工作模式

模式	模式说明	能量传递线路
电驱动	纯电动车辆电动驱动单元的配置与完全混合动力车辆的配置完全相同：动力电池向动力电子元件供能。动力电子元件将直流电压转变成交流电压来驱动电机。	电机作为驱动单元运行 ← 动力电控单元 ← 动力电池输出电能
再生制动	如果电动车"滑行"（车辆在没有来自电动机的驱动转矩下移动），部分热能通过用作交流发电机的电机转化成电能并对动力电池充电。	电机作为交流发电机运行 → 动力电控单元 → 动力电池接受充电

(续)

模式	模式说明	能量传递线路
外部充电	动力电池通过车辆上的充电触点进行充电。当连接外部充电电源时,车辆将按照之前的设定值自动充电。该过程会自动完成。如果充电过程中使用用电设备,它们将由充电电压供电。	
车辆温度控制	如果电动车处于交通阻塞中,则不需要电动机/发电机输出能量。高压供热系统和高压空调压缩机将满足乘员的舒适性需求。	

4-9 纯电动汽车有变速器吗?它的变速机构有什么特点?

电动汽车所采用的是固定齿比的单速"变速器",只有一个档位将电机的动力传递到车轮上。燃油车的倒档是靠变速器实现的,而电动汽车的倒档只需让电机反转就可以了。电动汽车的电机本身转速就很高,一台普通电机的转速就能轻松突破10000r/min,而且电机在低速时就能爆发出最大的转矩,这时候就需要减速器来降低负载的惯量,以及提高输出转矩。所以变速器的主要作用就是减速并提升转矩,故常称之为"减速器"而不是"变速器",常见的集成减速器机构的电驱系统如图4-9所示。

集成减速器的电驱系统

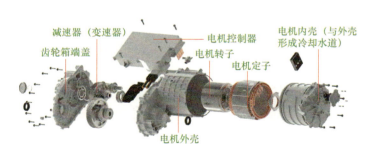

图4-9 集成减速器机构的电驱系统

以宝马i3电动汽车的减速器为例。该减速器总传动比为9.7:1。因此减速器输入端的转速是减速器输出端的9.7倍。该传动比通过两个圆柱齿轮对来实现。因此在减速器内输入轴旁还有一个中间轴。减速器输出端处的圆柱齿轮与差速器壳体固定连接在一起并驱动差速器。减速器内部结构如图4-10所示。差速器将转矩分配给两个输出端并在两个输出端之间进行转速补偿。

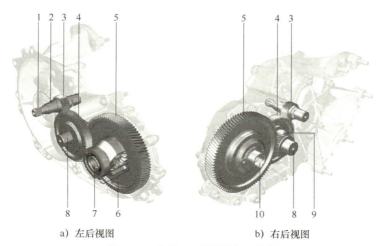

图 4-10 宝马 i3 减速器内部结构

1—啮合轴用于连接电机驱动轴 2—减速器输入轴 3—输入轴上的圆柱齿轮 4—中间轴上的圆柱齿轮
5—减速器输出端处的圆柱齿轮 6—差速器 7—左侧半轴接口 8—中间轴
9—中间轴上的圆柱齿轮 10—右侧半轴接口

4-10 测试电动汽车续驶里程的 NEDC、WLTP、CLTC、EPA 标准各是怎样的？

NEDC 的全称为：New European Driving Cycle，中文意思为"新欧洲驾驶循环"标准设计于 20 世纪 80 年代，并于 1990 年采用。最近一次更新是在 1997 年。

NEDC 的续驶里程测试主要模拟环境有市区和郊区，时间占比分别为 4∶1。第一种是市区工况，从 0~780s 就是模拟市区工况，在测试时加速、维持速度、减速、停止，反复进行四次。从第 780s 开始测试第二种工况即市郊工况，市郊工况下车速明显比市区工况速度要快。NEDC 的测试基本为台架试验，仅在车头前方摆放一台鼓风机，其主要目的是用来模拟和当前车速相当的气流，如图 4-11 所示。

图 4-11 NEDC 测试台架试验

WLTP 的全称为 World Light Vehicle Test Procedure，中文意思为"世界轻型汽车测试程序"。其最大的特点就是很大程度上来自从真实的驱动周期上监测的数据，从而更接近于真实使用情况。WLTP 测试程序涵盖四种工况：低速、中速、高速以及超高速。测试平均车速为 46.5km/h，最高车速为 131.3km/h，如图 4-12 所示。WLTP 采用非固定模式的档位变化，同时更换不同驾驶员以模拟真实情况。外界温度、汽车质量、档位状态、滚动阻力以及载重、加减速等多种因素都被纳入考核体系，所以在整体测试结果上的真实性要比 NEDC 高了很多。

图 4-12　WLTP 测试过程

CLTC，全称为 China light-duty vehicle test cycle，即中国轻型汽车测试循环，是更加贴合中国路况、更加符合国人驾驶习惯。同时 CLTC 的测试路况范围更广，分别为城市工况、郊区工况和高速工况，循环时间为 1800s。不过 CLTC 测试下的电动车不仅在停车工况下不计能耗，并且在行驶中还可以进行动能回收，所以 CLTC 测得的续驶里程通常比 NEDC 更长。

EPA 全称 United States Environmental Protection Agency（美国环境保护署）标准。EPA 标准中包括 4 种工况循环：市区工况、高速工况、高速加速工况和能耗相对较高的空调工况。测试车辆负载 200kg，几乎超越了大部分人用车习惯，但相应的数据也是最具参考性的。EPA 工况有多严格？以宝马 i4 为例，官方公布的数据是：EPA 工况下续驶里程约 482km，而其在 CLTC 标准下的续驶里程为 625km。

4-11　增程式电动汽车的结构是怎样的？

在串联式混合动力系统中，电动机驱动车轮，而发动机仅利用发电机作为电动机的电源，采用这种结构动力系统的车型被称作增程式电动汽车，其系统结构如图 4-13 所示。

增程式电动汽车通常具备由一个发动机和两个电机，发动机与驱动桥之间没有机械连接，车辆仅由电机驱动。

如图 4-13 所示，发动机仅驱动电机 1，作为发电机使用，并在车辆行驶时对动力电池充电。因此，发动机以高输出和低油耗高效运作。相比纯电动汽车，它的续驶里程通常更高。

除了高压系统，车辆还带有 12V 车载供电系统。

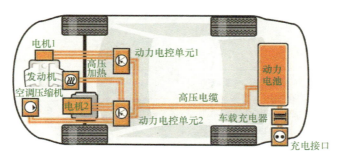

图 4-13　串联式混合动力系统结构

以宝马 i3 增程式电动汽车为例，其主要组成部件如图 4-14 所示。

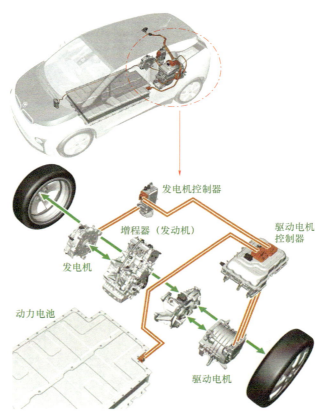

图 4-14　增程式电动汽车主要组成部件

4-12　增程式电动汽车是如何工作的？

增程式电动汽车可有电驱动、电驱动并充电、外部充电，车辆静止时发动机充电等几种工作模式，其原理见表 4-2。

表 4-2　增程式电动汽车工作模式

模式	模式说明	能量传递路线
电驱动	如果动力电池已充电，则车辆由电机 2 驱动。便捷用电设备（高压供热系统和高压空调压缩机）和 12V 车载蓄电池通过动力电子元件供电。	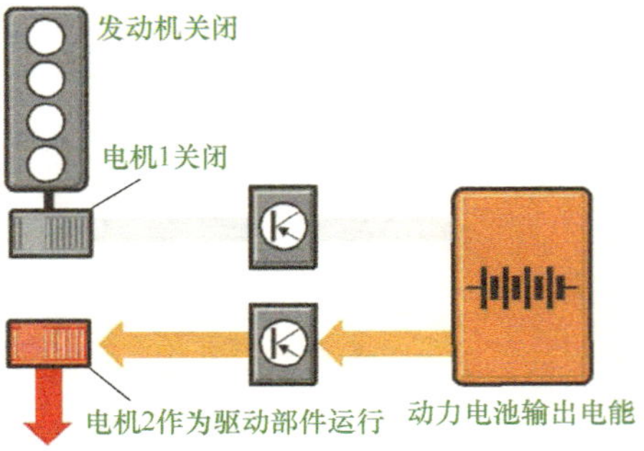 发动机关闭；电机1关闭；电机2作为驱动部件运行；动力电池输出电能
电驱动并充电	动力电池缺电。发动机驱动电机 1，从而为动力电池充电。电机 2 是推进车辆的唯一动力	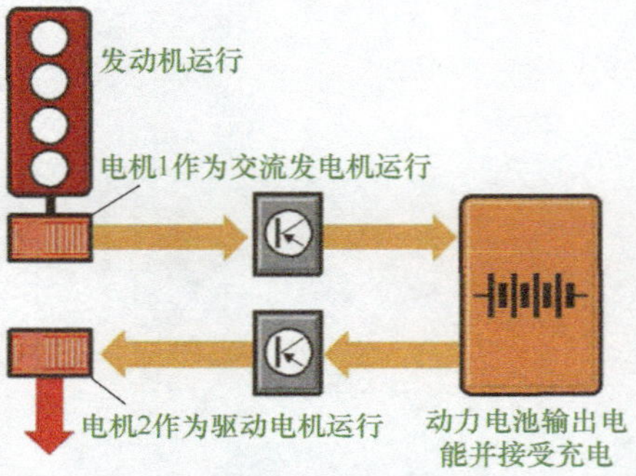 发动机运行；电机1作为交流发电机运行；电机2作为驱动电机运行；动力电池输出电能并接受充电
外部充电	高压系统和整个驱动停用。动力电池通过车载充电插头、高压充电器和两个充电保护继电器充电。充电过程由系统自动监控和停止。	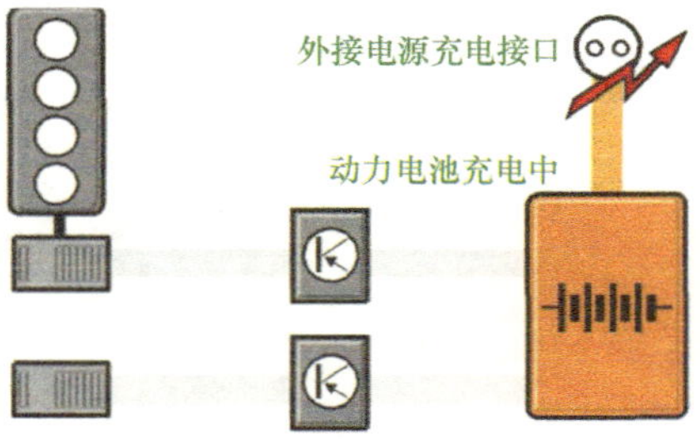 外接电源充电接口；动力电池充电中
车辆静止时发动机充电	没有外部电源对动力电池充电。在这种情况下，发动机可在车辆静止时通过电机 1 对动力电池充电。	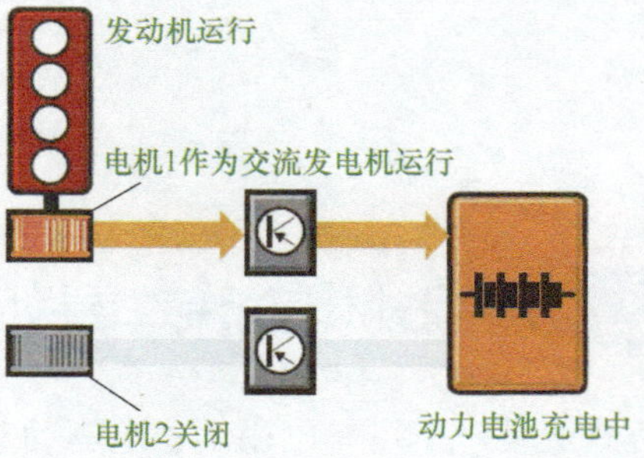 发动机运行；电机1作为交流发电机运行；电机2关闭；动力电池充电中

4-13 插电混动汽车的结构是怎样的？

图 4-15 所示为混联式插电混合动力系统结构。驱动系统主要由发动机、混合动力车辆传动桥总成、带变换器的逆变器总成和动力电池组成，采用混联式混合动力系统，载有两个电机。其中一个电机专门用作交流发电机或起动电机，另一个电机用作电动机和交流发电机。两个电机和发动机通过离合器相互连接。采用并联结构的大众高尔夫 GTE（PHEV）车型部件分布如图 4-16 所示。

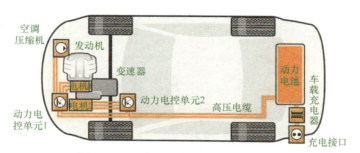

图 4-15 混联式插电混合动力系统结构

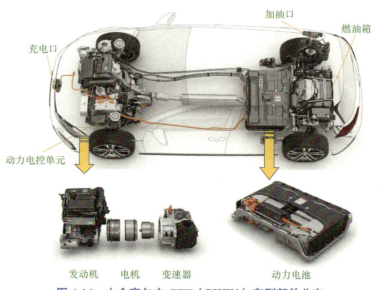

图 4-16 大众高尔夫 GTE（PHEV）车型部件分布

4-14 插电混动汽车是如何工作的？

以采用混联结构的插电混动汽车为例，可有电驱动、串联驱动、并联驱动、发动机驱动、耦合驾驶和充电、能量回收以及外插充电等多种工作模式，其运行原理见表 4-3。

表 4-3　插电混动汽车工作模式

模式	模式说明	能量线路
电驱动	发动机停用。车辆由电机 1 驱动。动力电池为电机 1 供能。	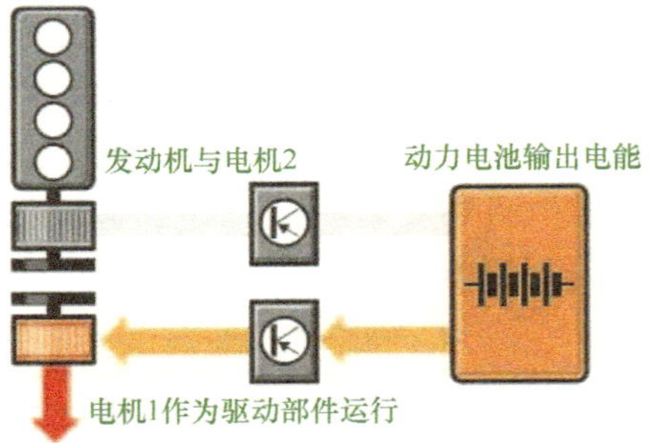 发动机与电机 2；动力电池输出电能；电机 1 作为驱动部件运行
串联驱动	电机 2 起动发动机。之后电机 2 作为交流发电机运行并向动力电池供能。该电机提供能量，从而电机 1 可电动驱动车辆。	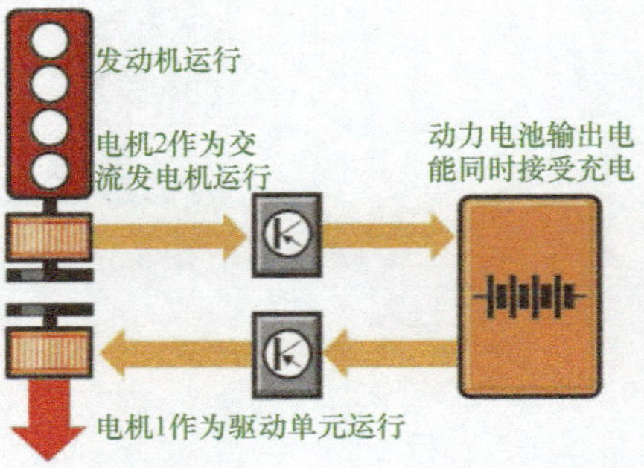 发动机运行；电机 2 作为交流发电机运行；动力电池输出电能同时接受充电；电机 1 作为驱动单元运行
并联驱动	发动机和电机同时驱动车辆。	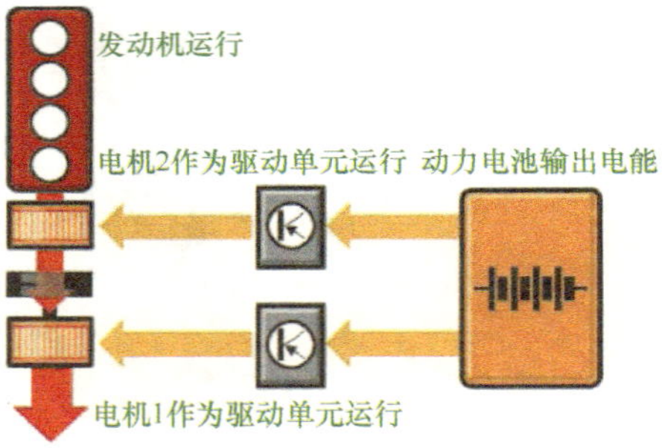 发动机运行；电机 2 作为驱动单元运行；动力电池输出电能；电机 1 作为驱动单元运行
发动机驱动	如果动力电池完全失电，车辆使用发动机驱动，同时使用电机 2 产生的额外能量对动力电池充电。	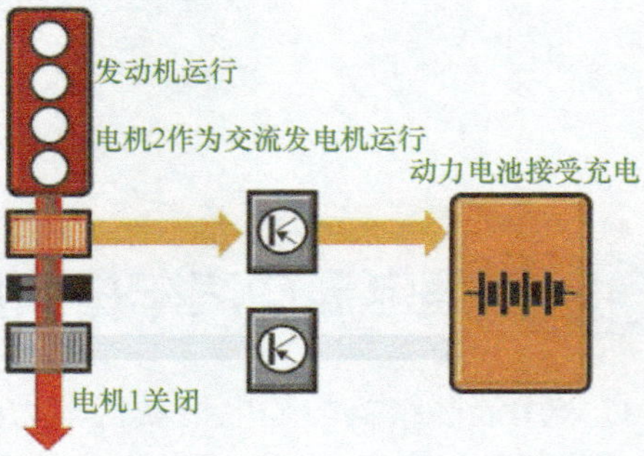 发动机运行；电机 2 作为交流发电机运行；动力电池接受充电；电机 1 关闭

(续)

模式	模式说明	能量线路
耦合驾驶和充电	发动机驱动车辆的同时，额外的能量用于给动力电池充电。	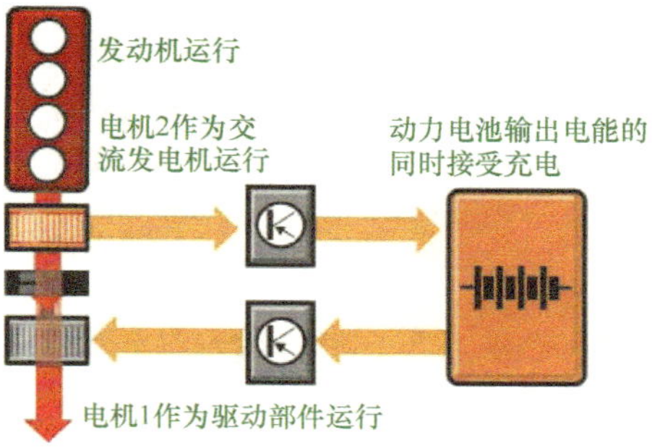 发动机运行；电机2作为交流发电机运行；电机1作为驱动部件运行；动力电池输出电能的同时接受充电
能量回收	两个电机可用作发电机，车辆制动产生的能量可通过动力电子元件转换成直流电压，并立刻存储在动力电池中。	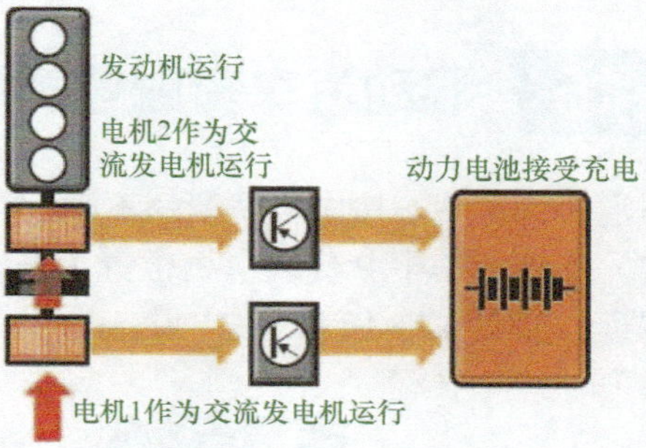 发动机运行；电机2作为交流发电机运行；电机1作为交流发电机运行；动力电池接受充电
外插充电	电机和动力电子元件停用，充电电缆通过充电插头连接至车辆。当控制单元识别用于为动力电池充电的电源时，两个充电保护继电器关闭，充电过程开始。一旦达到要求的容量时，充电过程停止。充电过程中启用的用电设备由外部充电电源供电。	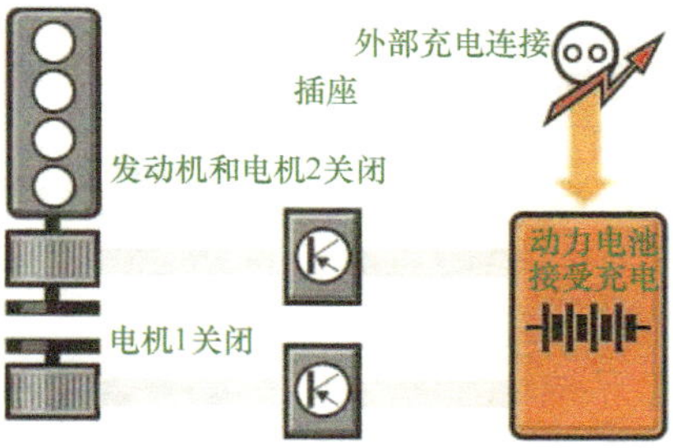 发动机和电机2关闭；电机1关闭；外部充电连接插座；动力电池接受充电

4-15 什么是混动汽车？有什么特点？

Hybrid（混合动力）这个词来源于拉丁语 hybrida，是混合的意思。在技术层面，Hybrid 指一种系统，该系统将两种不同的技术组合在一起来使用。混动通常指油电混合动力，比如汽油、柴油和电能的混合。搭载混合动力系统的汽车就是混合动力汽车。它是由两个或两个以上的汽车动力驱动装置组成的，一般是指由电机作为发动机辅助动力的汽车。油电混动车型车身上一般都有标示混动技术特点的标识，丰田混动动力系统标志如图 4-17 所示。

图 4-17　丰田混合动力系统标志

相比燃油汽车，混合动力汽车最大的优点就是清洁环保。燃油效率比燃油汽车更高，消耗相同质量汽油的情况下，混合动力汽车行驶的里程更远。混动汽车的再生制动功能，可以减少对制动系统的使用，在一定程度上也提升了安全性。由于结构复杂，制造成本更高，往往混合动力汽车比燃油汽车的价格也更为昂贵，维修保养成本也相对较高。

4-16　混动汽车有哪些类型？

混合动力汽车按电机位置的不同可分为 P0~P4（并联混动）以及 PS（Power Split，动力分流）架构，其中 P 代表电机位置（Position），P 后的数字越大，表示电机距离发动机的距离越远，如图 4-18 所示。

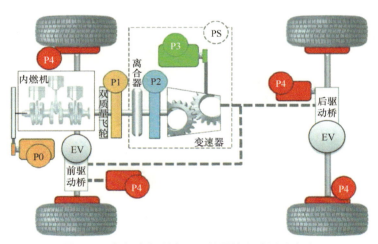

图 4-18　根据电机所在不同位置的混动划分方式

P0 类型的电机通过传动带与发动机曲轴连接，电机除辅助驱动车辆（助推）的作用外，还兼有起动机与发电机的功用，这种类型一般应用于 12V 或 48V 的轻混系统。P1 类型的电机位于发动机与变速器之间，其功用与 P0 类似，但功率更大一些，一般应用于中混系统。P2 类型电机位于变速器中，P3 电机位于变速器输出轴，这两种属于全混系统，如车辆配有外插充电功能，即为插电式混动系统。P4 电机位于车辆驱动桥或驱动轮轮毂内，电机类型为独立电驱或轮毂电机，如果没有内燃机，这种架构已经具有纯电动汽车的特征了。

4-17 轻混系统的结构形式是怎样的？有什么特点？

轻混系统的电机安装在发动机前端，通过 V 带与发动机相连，又称之为 BSG 或 BAS，因为 V 带输出力矩有限，所以这种结构多数为具有自动起停功能的轻混（MHEV）车型。图 4-19 所示为搭载 48V 轻混系统的车型。

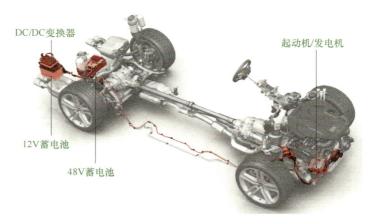

48V 轻混系统
组成与运行演示

图 4-19　48V-BSG 轻混系统（奥迪 S8）

4-18 轻混系统是如何工作的？

轻型混动车型（Mild Hybrid Electric Vehicle，MHEV）一般为采用 48V-BSG（Belt Driven Starter Generator，带驱动起动/发电机）的混动系统。整个系统由一台集成在发动机前端轮系上的 48V-BSG 电机、一个 48V-12V DC/DC 变换器、一个 48V 蓄电池（早期多为镍氢电池，现在多应用锂电池）、制动能量回收系统、冷却散热装置、混动模块控制系统（HCU，集成在 ECU 内）等组成。

当车辆停止时，发动机进入自动停止模式（Auto Stop），此时发动机处于关闭状态，车上的一些附件装置像灯光系统，娱乐系统等都由电瓶进行供电。

当驾驶员松开制动踏板，或踩下加速踏板车辆需要起步时，电机带动发动机运转，燃油供应恢复，发动机自动起动。

在燃油供给阶段，发动机正常工作，消耗燃油。在电动助力时，当驾驶员踩下加速踏板比较深时，通过电机对车辆进行电动助力。

在智能充电阶段，电机由发动机带动旋转，电池组尽可能地从系统中获得更多的充电机会。当车辆进入滑行阶段或停下来后，发动机被切断燃油供应，在某些滑行期间，为了保证转矩输出的平顺性，电机也将转动。

当车辆减速时，发动机停止供油，变矩器锁止，车辆带动发动机转动，电机此时作为发电机进行发电，发电机相当于车辆的负载，对车辆进行制动（类似于发动机制动），系统进入再生制动阶段。

BSG 轻混系统工作原理如图 4-20 所示。

MHEV 轻混车型运行演示

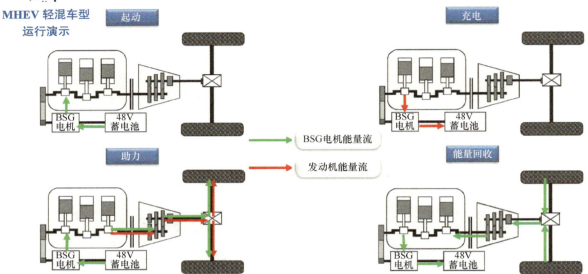

图 4-20　BSG 轻混系统工作原理

4-19　中度混动汽车结构是怎样的？

中度混合动力汽车是指把电机装在发动机后端与发动机刚性相连的车型，此种架构形式称为 P1，因为与发动机无法脱开，电机输出的动力受发动机牵绊。如图 4-21 所示为宝马 ISG 混动系统车型。

ISG 中度混合动力汽车

图 4-21　ISG 混动系统车型（宝马 Active Hybrid 7）
1—发动机　2—电机　3—自动变速器　4—电子电力装置　5—连接动力电池的电缆

4-20 完全混合动力系统结构是怎样的？有什么特点？

完全混合动力系统将功率更强的电机和发动机相结合，可以实现纯电力驱动。与此同时，电动机还可辅助发动机的运行。发动机具备自动起停功能，回收的制动能量可为高压电池充电。发动机和电机之间的离合器，可以断开这两个系统之间的连接，发动机仅在需要时介入。系统组成与原理如图 4-22 所示。

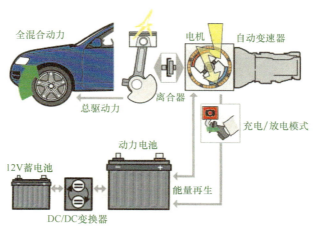

图 4-22 完全混合动力系统组成与原理

4-21 并联式混合动力系统结构是怎样的？有什么特点？

并联式混合动力系统的特点是结构简单。这种技术通常用于对已有车辆进行"混合动力化"。发动机、电机和变速器安装于同一传动路径上。并联式混合动力系统通常配有一台电机。发动机和电机各自输出功率的总和等于总输出功率。这种方案可以保留车辆上大部分的原有零部件。在四轮驱动的并联混合动力设计中，四个车轮的驱动力由中央差速器或分动器传送。系统组成与原理如图 4-23 所示。

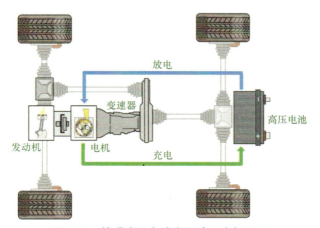

并联式混合动力车型

图 4-23 并联式混合动力系统组成与原理

并联式混动系统的主要动力是发动机，辅助动力是电动机，发动机和电动机共同驱动车辆或各自单独驱动车辆。通过机械传动机构发动机可以直接驱动车辆，燃油利用率较高，但发动机受到车辆行驶工况影响，需要安装变速装置和动力复合装置，结构较为复杂，适合在高速公路等稳定路况行驶。并联式的优点是只有两个动力总成，体积质量比串联式小，能量转换率比串联式高。缺点是发动机与车轮没有解耦，节能效果一般。

并联式混动的典型车型有大众途锐（结构见图 4-24）、奥迪 Q5 与 Q7、日产楼兰、英菲尼迪 QX60 等混动车型，还有本田早期的 IMA 混动系统也属于此类。通常有 6 种工作模式，包括纯电模式、混动模式、发动机直驱模式、发动机充电模式、动能回收模式和停车充电（PHEV 具有此功能）模式。

大众途锐
混动汽车

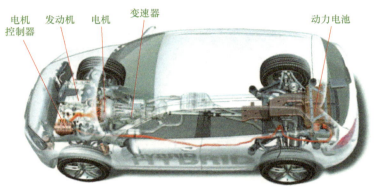

图 4-24　并联式混动汽车示例车型（大众途锐混动）

4-22　串联式混合动力系统结构是怎样的？有什么特点？

串联式混合动力系统配有一台发动机、一台交流发电机和一台电机，结构如图 4-25 所示。发动机本身不能通过传动轴或变速器驱动车辆，即发动机的输出动力不能传递给车轮。电机为车辆提供主要驱动力。当动力电池的电量降低时，发动机才会起动，通过交流发电机对动力电池充电，于是电机又可重新从高压电池上获得能量。

发电机依靠发动机驱动发电，汽车只利用电动机驱动行驶，驱动系统动力源只有电动机。发动机不受汽车行驶工况的影响，始终在最佳工作区稳定运行。发动机动力转化为电能才能为车辆所用，但是转化中会有部分能量损失，所以燃油能量的利用率比较低，适合于市内低速运行。串联式的优点是结构简单，发动机不受工况影响，能在高效、低排放的情况下工作，三大动力总成之间没有机械联系，可以独自工作。缺点是因为需要大动力的发电机，所以发电机尺寸大，能量转换

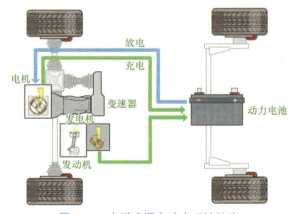

图 4-25　串联式混合动力系统结构

时的能量损耗较高，转换率低，并且需要配置大容量电池。

日产 e-POWER 车型即采用串联式混动系统。2023 款型轩逸混动搭载第二代 e-POWER 混动系统（2016 年在日本推出第一代，于 2020 年更新为第二代），车辆的驱动电机采用的是与日产纯电动汽车聆风同源的电动机，最大功率为 100kW，峰值转矩可达 300N·m。该动力系统完全由电机驱动，发动机仅作为发电专用的动力装置使用。日常行驶中，发动机只负责发电，不参与驱动。日产 e-POWER 串联混动系统结构如图 4-26 所示。

图 4-26　日产 e-POWER 串联混动系统结构

4-23　混联式混合动力系统结构是怎样的？有什么特点？

混联式混合动力系统除配有发动机外，还配有两台电机，它们均安装于前桥上。

驱动力由发动机和电机共同提供，通过动力分流装置传递给变速器。与并联式混合动力系统设计不同，两种形式的动力输出并不能全部传递给车轮。系统组成与原理如图 4-27 所示。

发动机其中一部分动力输出用于驱动车辆，而另一部分则以电能的形式储存在动力电池中。

车辆在低速时只有电动机工作；速度提高时发动机和电动机相互配合驱动，属于串联模式；稳定高速时用并联模式工作。动力分流装置复杂，一般基本采用行星齿轮机构。

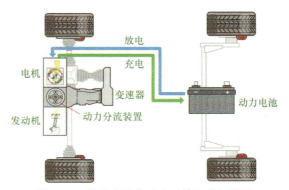

图 4-27　混联式混合动力系统组成与原理

混联式优点是三个动力总成功率都比较高，所以质量体积比串联式和并联式都小，可以选择最佳节能驱动模式；驱动电动机可以给发动机提供辅助动力，所以发动机可以选择功率较小、燃油经济性高的型号。缺点是因为有两套驱动系统，所以结构非常复杂，布置也较困难，还需配备一个多能源动力控制总成，成本高。

以丰田混联式混合动力系统为例，该系统主要由混合动力传动桥总成、动力电池组、发动机总成、2 台电动发电一体机（MG1、MG2）、带 DC 变换器的逆变器总成以及辅助电池等组成。各部分组成元件在车上的位置如图 4-28 所示。

丰田混联式混动系统

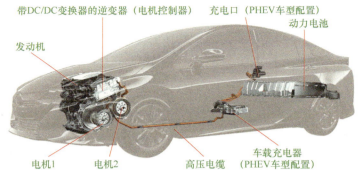

图 4-28　混联式混动系统示例车型（丰田 THS）

4-24 混串联式混合动力系统结构是怎样的？有什么特点？

混串联式混合动力系统是上述两种混合动力系统的结合。车辆拥有一台发动机和两台电机。发动机、电机 1 和电机 2 安装于前桥上。电机 3 则安装于后桥上。

这种方案适用于四轮驱动车辆。发动机和电机 1、电机 2 通过动力分流装置连接至车辆变速器。同样，在这种情况下，各动力源输出的动力并不全部传递给车轮。后桥上的电机 3 会在需要时启动。由于这样的设计，高压电池安装在车辆前、后桥之间。

2021 年 6 月 25 日，第四代丰田汉兰达正式上市。新款汉兰达配用的是 2.5LHybrid 油电混合系统，其中汽油发动机的主要参数为最大功率 141kW，最大转矩 238N·m，四驱车型的前电机最大功率为 134kW，最大转矩 270N·m，后电机最大功率为 40kW，最大转矩 121N·m，系统综合性输出功率为 183kW。相比传统的四驱系统，它没有中央传动轴，所以传动效率更高，响应速度也更快，同时前后电机动力释放的自由度也更高，可以实现前后 20：80 的动力分配。车辆动力与底盘系统特点如图 4-29 所示。

丰田电动四驱混串式混动系统

图 4-29　丰田汉兰达四驱油电混合动力与底盘系统特点

4-25 什么是燃料电池?

燃料电池本质是水电解的"逆"装置，主要由阳极、阴极、电解质三部分组成。其阳极为氢电极，阴极为氧电极。通常，阳极和阴极上都含有一定量的催化剂，用来加速电极上发生的电化学反应。两极之间是电解质，其基本结构与原理如图 4-30 所示。

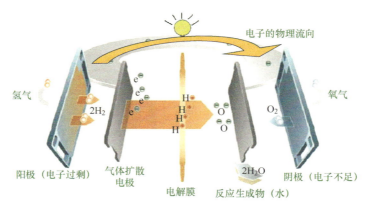

图 4-30　燃料电池基本结构与原理

4-26 常见的质子交换膜燃料电池是如何工作的?

以质子交换膜（PEM）燃料电池为例，其工作原理如图 4-31 所示：氢气通过管道或导气板到达阳极；在阳极催化剂的作用下，1 个氢分子解离为 2 个氢质子，并释放出 2 个电子，阳极反应为 $H_2 \rightarrow 2H^+ + 2e^-$。在电池的另一端，氧气（或空气）通过管道或导气板到达阴极，在阴极催化剂的作用下，氧分子和氢离子与通过外电路到达阴极的电子发生反应生成水，阴极反应为 $1/2O_2 + 2H^+ + 2e^- \rightarrow H_2O$ 总的化学反应为 $H_2 + 1/2O_2 = H_2O$，电子在外电路形成直流电。因此，只要源源不断地向燃料电池阳极和阴极供给氢气和氧气，就可以向外电路的负载连续地输出电能。

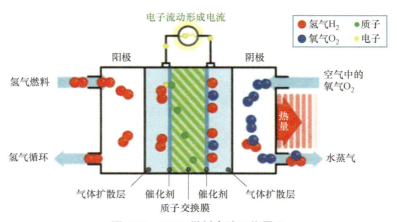

图 4-31　PEM 燃料电池工作原理

4-27 燃料电池汽车结构有什么特点？

奥迪在 2014 洛杉矶车展上发布了奥迪 A7 Sportback h-tron quattro 氢燃料混合动力车，其最核心的部件是位于传统发动机舱的氢燃料电池，由 300 多个电池单元组成。其工作过程极为清洁，氢气被输送到电池阳极后，被分解为质子和电子，质子到达阴极后与空气中的氧气反应变成水蒸气，同时电子提供电能，整个燃料电池的电压在 230~360V 之间。在燃料电池模式下，车辆仅需大约 1kg 的氢就能行驶 100km，产生的能量相当于 3.7L 汽油，加满大约 5kg 氢气只需要不到 3min。该车内部结构及关键部件位置如图 4-32~图 4-34 所示。

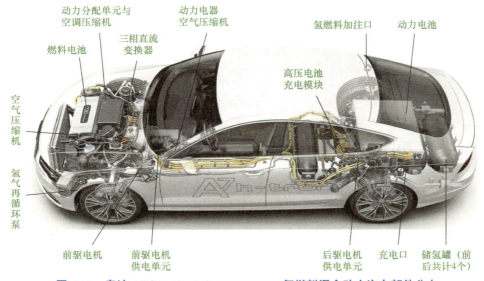

图 4-32 奥迪 A7 Sportback h-tron quattro 氢燃料混合动力汽车部件分布

奥迪 A7 h-tron
构造与运行演示

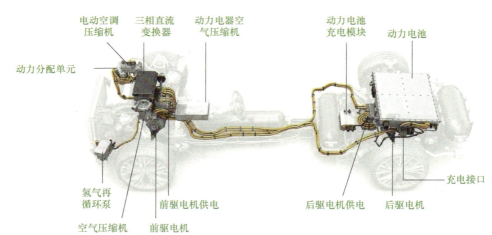

图 4-33 奥迪 A7 Sportback h-tron quattro 氢燃料混合动力汽车部件（电动系统视图）

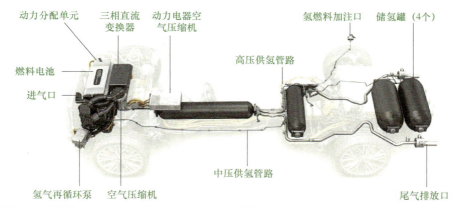

图 4-34 奥迪 A7 Sportback h-tron quattro 氢燃料混合动力汽车部件（氢燃料系统视图）

4-28 氢燃料电池汽车是如何工作的？

以大众途观 HyMotion 燃料电池车型为例，车辆以氢气做燃料，并从燃料电池模块为电动机获取电能。在该模块中，氢气和氢气反应转化为水以产生电能。

动力电池可以通过蓄电池充电器进行外部充电，除了高压系统，车辆还带有 12V 车载供电变换器和 12V 车载供电蓄电池。该车高压部件连接如图 4-35 所示。燃料电池汽车工作模式见表 4-4。

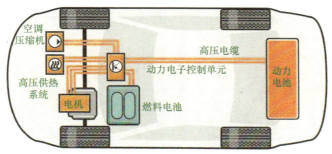

图 4-35 燃料电池系统高压部件连接

丰田氢燃料电池汽车运行演示

表 4-4 燃料电池汽车工作模式

模式	运行模式说明	能量线路
电动驱动	如果动力电池已充电，则可电动驾驶车辆。在这种情况下，燃料电池不再供给任何能量，而且不再消耗任何氢气。	

（续）

模式	运行模式说明	能量线路
电动驾驶和充电	当动力电池在充电时需要燃料电池的能量时，燃料电池启用。用于驱动及高压电池充电的电能由燃料氢气和空气中氧气相互作用获得。	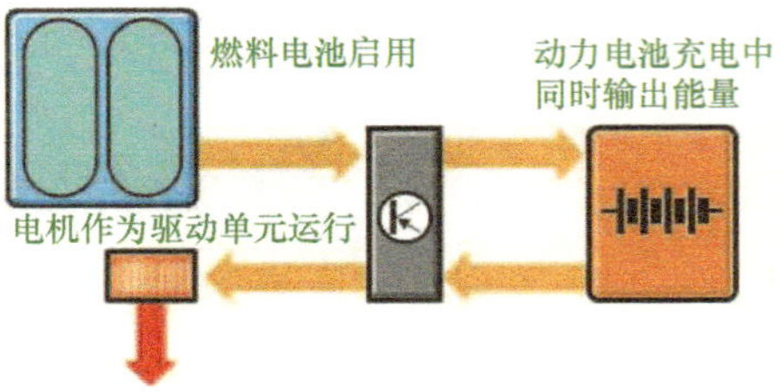 燃料电池启用；动力电池充电中同时输出能量；电机作为驱动单元运行
再生制动	电动机专门用于再生性制动。在超限运转阶段，电动机用作交流发电机。它通过动力电子元件为动力电池充电。	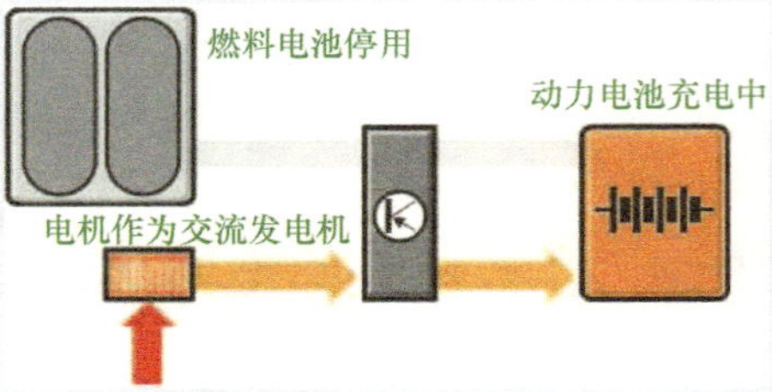 燃料电池停用；动力电池充电中；电机作为交流发电机

第5章 电动汽车补能技术

5-1 电动汽车是如何补充电能的?

里程焦虑、补能焦虑和购置成本是困扰着新能源汽车消费者的痛点。虽然现在大功率快充技术已经在大量应用,但是与传统汽车加油相比,补能时间仍然过长。

新能源汽车补能的两种主要方式为充电模式和换电模式,如图5-1所示,目前充电模式仍是主流补能方式,换电模式相对而言普及率有待提升。

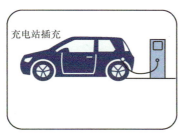 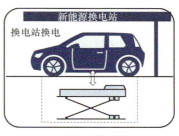 

a) 充电站补能　　　　　b) 换电(池)补能

图5-1 新能源汽车两种主要补能方式

电动汽车换电演示

从电池端来看,充电适用性更广,换电生态较为垂直;从车用端来看,换电模式具有补能体验和用车成本优势,充电模式下电池的所有权则归车主所有;此外,换电标准尚未统一,而充电则相对适用性广得多。

作为纯电动汽车的补能方式之一,换电模式的优势显而易见,例如补能时间短、消费者购车成本低、延长电池使用寿命、缓解用电压力等。

5-2 电动汽车有哪些充电方式?

新能源电动汽车有众多的充电方式,包括交流慢充、直流快充、无线充电,移动充电等。

1) 交流慢充。交流慢充采用随车携带的携式充电设备进行充电,可使用家用电源和充电桩。这种慢充的充电电流较小,一般在6~32A,可直接采用三相交流电。根据电流容量的大小,充满一辆新能源汽车的电量需要5~10h不等。

2) 直流快充。快充也被称为地面充电,是通过非车载充电器采用高强电流给车载电池直接充电,电池可以在短时间内充到80%左右的电量。这种充电模式的电压,一般在150~800V之间,功率大。电动汽车慢充与快充连接方式如图5-2所示。

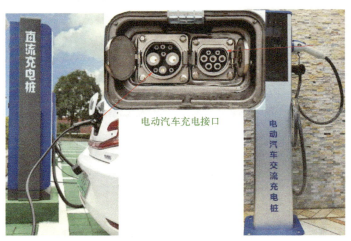

图 5-2　电动汽车慢充与快充连接方式

3）无线充电。无线充电是指电动车在不连接电缆的状态下充电,通过与地面无线充电源板进行感应,自动接入电网进行充电。使用起来方便,安全,能够有效提高电池的容量。无线充电技术主要是借助于无线方式连接电动汽车、插电式混合动力汽车等电力系统,就能够轻松地将汽车应用在垫片上进行充电,应用场景如图 5-3 所示。无线充电因为技术还不够完善,目前尚未商用化。

4）移动充电。移动充电技术以非接触的方式为行驶中的电动汽车实时补充电能,基本原理是通过埋于地面下的供电导轨以高频交变磁场的形式将电能传输给地面上一定范围内的车辆接收端电能拾取机构,进而为车载储能设备供电,根据发射端不同可以分为集中式和分段式供电导轨模式,应用场景如图 5-4 所示。移动式充电能够灵活满足电动汽车对充电的时间和空间的要求,实现"无限续航",缓解里程焦虑。由于技术不够成熟,目前还无法实际应用。

图 5-3　电动汽车无线充电技术应用场景

图 5-4　电动汽车移动充电应用场景

5-3　电动汽车是怎样充电的?

电动汽车的充电系统一般有交流和直流两种充电方式,交流充电也叫慢充,因为车载充电机安装空间和制造成本的原因,有些厂商已经有取消交流充电功能的趋势。交流充电主要是通过交流充电桩、壁挂式充电盒以及家用供电插座接入汽车交流充电口，通过高压电控总成将交流电转为直流高压电为动力电池充电。直流充电也叫快充，公共场所和高速服务区等地安装的充电站一般是这种类型。直流充电主要是通过充电站的充电柜将直流高压电直接通过直流充电口为动力电池充电。

有些电动汽车的交流充电口安装在车辆LOGO处，如图5-5所示，直流充电口安装在车身左后侧（位置和外观类似燃油车的油箱口盖），也有的车型交流、直流充电口都布置在一起，如图5-6所示的比亚迪e5。充电时，根据选择的充电类型，连接交流充电插头或者直流充电插头到相应的充电插座，连接正确后开始充电。充电口连接后形成检测回路，当出现连接故障时，VCU可以检测该故障。

图5-5　交流充电连接方式（江淮 iEV7S）

图5-6　交流与直流充电口位置（比亚迪 e5）

充电口的端子连接定义，以比亚迪e5为例，如图5-7所示。

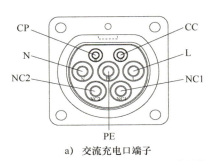
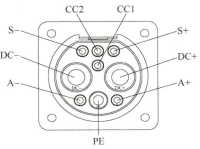

a) 交流充电口端子 b) 直流充电口端子

L—A相 NC1—B相 NC2—C相 N—中性线
PE—地线 CC—充电连接确认 CP—充电控制

DC+、DC-—直流充电正、负极 A+、A-—低压辅助电流正、负极
CC1—车身接地（1kΩ±30Ω） CC2—直流充电感应信号
S+—通信线，CAN(H) S-—通信线，CAN(L) PE—地线

图 5-7 交直流充电口端子定义

5-4 交流充电（慢充）是怎样充电的？

交流充电桩一般来说体积都比较小，充电机实际安装在车上，即所谓的车载充电机（OBC），而壁挂式充电器或移动便携式充电器只是起到一个连接控制的作用，220V 交流电经过车载充电器逆变成直流电供给动力电池，如图 5-8 所示。

交流充电控制流程如图 5-9 所示，当 VCU 判断整车处于充电模式，吸合 M/C 继电器，根据高压电池的可充电功率及车载充电机的状态，向车载充电机发送充电电流指令。同时，车载充电机吸合交流充电继电器，VCU 吸合系统高压正极继电器和高压负极继电器，动力电池开始充电。

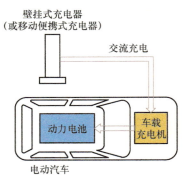

图 5-8 交流充电连接

充电桩 → 充电线 → 车辆接口 → 充电机 → 高压接线盒 → 动力电池

图 5-9 交流充电控制流程

5-5 直流充电（快充）是怎样充电的？

直流（快充）是通过充电桩内自带的逆变器将交流电转换为高压直流电，然后，直流电通过充电枪与 BMS 等系统完成通信后就可以进行直流供电了，如图 5-10 所示，直流充电桩可以提高充电功率，目前非车载的直流充电桩充电效率一般在 93% 以上。

直流充电控制流程如图 5-11 所示，当直流充电设备接口连接到整车直流充电口，直流充电设备发送充电唤醒信号给 VCU，VCU 吸合 M/C 继电器，根据动力电池的可充电功率及车载充电机的状态，向直流充电设备发送充电电流指令。同时，VCU 吸合直流充电继电器、系统高压正极继电器和高压负极继电器，动力电池开始充电。

图 5-10　直流充电连接　　　　　图 5-11　直流充电控制流程

5-6 车载充电机是如何工作的？

车载充电器（On-Board Charger Assy）简称 OBC，它的作用是将交流充电口传递过来的（220V/50Hz）交流电转换为直流高压电为动力电池充电。

以比亚迪 e5/ 秦 EV 为例，3.3kW 以内的单相交流充电均是通过 OBC 进行的，而功率大于 3.3kW 的交流充电（含单相和三相交流）是通过 VTOG 进行的。小功率充电时，OBC 的效率要高于 VTOG。车载充电机安装位置如图 5-12 所示。

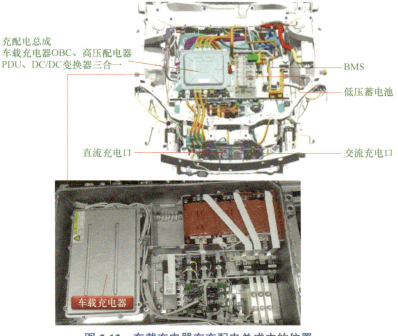

图 5-12　车载充电器在充配电总成中的位置

5-7 DC/DC 变换器有什么作用，是怎样工作的？

DC/DC 变换器的作用是将动力电池电压降为 12V，其功用有两个：一是电池电压在使用过程中不断下降，用电器得到的电压是一个变化值，而通过 DC/DC 变换器后用电器可以得到稳定的电压；二是给辅助蓄电池补充电能。其在新能源汽车中的角色就相当传统汽车中的发电机，电动汽车 DC/DC 变换器与传统汽车发电机功能对比如图 5-13 所示。

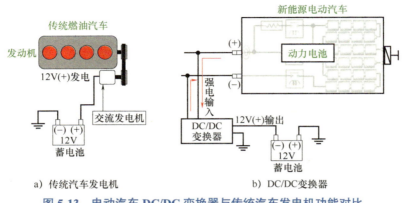

a）传统汽车发电机　　　　b）DC/DC 变换器

图 5-13　电动汽车 DC/DC 变换器与传统汽车发电机功能对比

5-8 制动能量回收是什么技术？

在技术上，"再生"一般指能量回收再利用的过程。在能量再生过程中，当前形式的能量被转换为另一种形式，以便重新利用。

在汽车动力及传动系统中，燃料中的化学能被转换为动能。如果采用传统的制动方式进行制动，制动摩擦产生的多余动能会转化为热能，并散发到周围环境中，不能被重新利用。

反之，如在新能源汽车上，我们在传统制动的基础上加一个发电机用作制动，一部分动能就会以电能的形式被回收，以便重新利用，车辆的能量利用率得以改善。这种制动类型也称"再生制动"，如图 5-14 所示。

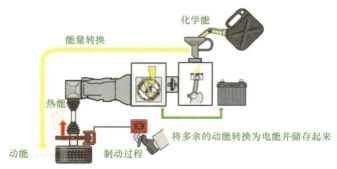

图 5-14　能量回收原理示意图

在车辆惯性滑行过程中，当踩下制动踏板、降低车速、滑行至停车以及下坡行驶时能量回收系统将启用。

此时车辆会将电机作为发电机使用，对动力电池充电。因此在惯性滑行过程中，可利用电能为车辆"补充燃料"。在车辆滑行至停车的过程中，电机（用作发电机）只会转换 12V 车载电网运行所需能量。在滑行或制动过程中，电机参与制动，将电机驱动轴部分制动能量回收存储在电池中；能量流传递路线为车轮→传动系→电机→电机控制器→电池。制动能量回收系统工作流程示意如图 5-15 所示。

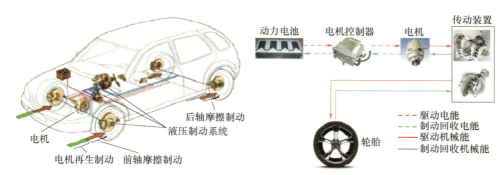

图 5-15 制动能量回收系统工作流程

第6章 汽车购买指南

6-1 怎样区分乘用车和商用车？

国际上按汽车的用途将汽车分为乘用车和商用车两大类，如图 6-1 所示。乘用车即我们平时说的轿车或小车，也包括了轿车的各种变形车如越野车、SUV 和 MPV。除乘用车之外的其他车都称之为商用车，商用车又被划分为三类：载货车，载客车和特种车，如图 6-2 所示。

a) 乘用车（日产轩逸燃油汽车）　　b) 商用车（五十铃货车）

图 6-1　汽车分类：乘用车和商用车

a) 载货车　　　　　　　b) 载客车　　　　　　c) 特种（消防）车

图 6-2　商用车的三大类别

乘用车主要用来搭载乘客及运输行李，方便出行。商用车多为企事业单位购置，用途多为载货、运送人员，有商用车通过特殊设计和改装可以进行特殊作业，如洒水车、消防车。乘用车的最大座位数为 9 个，而商用车（如公交车）的座位数没有限制。

6-2 微型车、SRV、CUV、SUV、MPV 及旅行车是什么样的车型？

微型车一般是指轴距在 2~2.2m 之间，发动机排量小于 1L 的乘用车，已停产的燃油汽车例如长安奥拓、长安奔奔、奇瑞QQ、吉利熊猫等，纯电动车型如五菱宏光 Mini EV

(图 6-3)、奇瑞小蚂蚁等,就属于微型车。

休闲轿车(Recreational Vehicles,RV)以及 RV 的变种小型休闲轿车 SRV(Small Recreation Vehicle),一般为两厢车,如早期别克赛欧。CUV 的全称是 Car-Based Utility Vehicle,指的是基于轿车打造的多用途汽车,它还有个别称,叫作 Crossover,译为跨界车,像本田歌诗图和宝马 5 系 GT 都属于这类。

a) 微型车(五菱宏光mini EV)　　　　　　b) CUV(本田歌诗图)

图 6-3　微型车与 CUV

多用途轿车(Multi-Purpose Vehicles,MPV)具备两厢式结构,布局以轿车结构为基础,一般直接采用轿车的底盘、发动机,因而具有和轿车相近的外形和同样的驾驶性和乘坐舒适性。大众威然、别克 GL8(图 6-4)、本田奥德赛、丰田赛纳等都属于此类。

运行型多功能车(Sports Utility Vehicle,SUV)是越野车与旅行车的结合体,SUV 是集越野、储物、旅行、牵引多种功能为一体的,所以称之为运动型多功能车,它在 20 世纪 90 年代起源于美国,如比亚迪宋 Plus DM-i 插电混动汽车就属于此类车型。

a) MPV(别克GL8)　　　　　　b) SUV(比亚迪宋Plus DM-i)

图 6-4　MPV 与 SUV 车型

越野车(Off-Road Vehicle,ORV)国际上简称 G 型车,是指能够适应恶劣道路环境及野外行驶的车辆。适用于爬坡、涉水等恶劣环境。越野车通常采用四轮驱动和非承载式车身,底盘和悬架的设计与普通轿车有明显区别。如丰田普拉多(图 6-5)、吉普牧马人、长城坦克等。

a) 越野车型(丰田普拉多)　　　　　　b) 旅行车(大众蔚揽)

图 6-5　越野与旅行车型

旅行车的英文名称为 wagon，大多数旅行车都是以轿车为基础，把轿车的后备厢加高到与车顶齐平，用来增加行李空间。旅行车的优势在于它既具有轿车的舒适性，也有相当大的行李空间，如大众蔚揽及沃尔沃 V60 等。

6-3 我国乘用车车型等级是怎样划分的？

按照中国标准划分：微型轿车、普通级轿车、中级轿车、中高级轿车、高级轿车。

按欧洲德国的分类标准可分为 A、B、C、D 级，其中 A 级车又可分为 A00、A0 级车，相当于我国微型轿车和普通型轿车；B 级和 C 级分别相当于我国的中级轿车和中高级轿车；D 级车是相当于我国的高档轿车。该级别车的轴距越长、排量和重量越大，轿车的豪华程度也不断提高。等级标准及车型示例见表 6-1。随着新能源车型的兴起及排放法规的限制、车型车体设计的多样化，以上级别车型的界限已经越来越模糊，仅能作为大概的参考依据。

表 6-1 乘用车车型等级分类

级别	轴距/m	排量/m	示例车型
A00 级	2~2.2	<1	奇瑞QQ3　长安奔奔mini　比亚迪F0
A0 级	2.2~2.6	1~1.3	大众Polo　丰田威驰　本田飞度
A 级	2.6~2.7	1.3~1.6	大众朗逸　日产轩逸　丰田卡罗拉
B 级	2.7~2.8	1.6~2.4	丰田凯美瑞　本田雅阁　日产天籁
C 级	2.8~3.1	2.4~3.0	奔驰E级　宝马5系　奥迪A6

(续)

级别	轴距/m	排量/m	示例车型		
D级	>3.1	>3.0	奔驰S级	宝马7系	奥迪A8

6-4 常说的德系车、美系车、日系车是什么意思？海外有哪些汽车品牌？

德系、美系、日系是指按汽车品牌归属地（国家）对汽车进行分类，典型的德系车有大众、奥迪、保时捷、奔驰、宝马等；法系车有标致、雪铁龙、雷诺等；意系车有菲亚特、法拉利、玛莎拉蒂、兰博基尼、阿尔法罗密欧等；美系车有别克、雪佛兰、凯迪拉克、福特、林肯、克莱斯勒、吉普、道奇、特斯拉等；日系车有丰田-雷克萨斯、本田-讴歌、日产-英菲尼迪、三菱、马自达、斯巴鲁、铃木等；韩系车有现代、起亚等。

大众汽车集团总部位于德国沃尔夫斯堡，旗下品牌有大众（1937年由费迪南德-保时捷创立）、奥迪（1966年从奔驰公司购入）、斯柯达（1991年购入）、西雅特（1990年购下并入奥迪）、宾利（1997年购入）、兰博基尼（1998年归入奥迪）、布加迪（1998年购入）、斯堪尼亚、曼等。

奔驰汽车集团总部位于德国斯图加特，旗下品牌有奔驰、SMART、AMG、迈巴赫、乌尼莫克（Unimok）。

宝马汽车集团总部位于德国慕尼黑，旗下品牌有宝马、MINI、劳斯莱斯。

标致雪铁龙（PSA）汽车集团总部位于法国巴黎，旗下品牌有标致、雪铁龙、DS、欧宝（2017年从通用并入）、沃克斯豪尔（2017年从通用并入）。

菲亚特汽车集团总部位于意大利都灵，旗下品牌有菲亚特（1899年成立）、玛莎拉蒂（1993年购入）、阿尔法-罗密欧（1986年购入）、蓝旗亚（1969年购入）、依维柯、克莱斯勒（2014年合并为FCA公司）、道奇、吉普。2021年，PSA集团和菲亚特克莱斯勒集团（FCA）以50：50的股比合并成立Stellantis集团。

主要欧洲汽车品牌的车标及英文名称见表6-2。

海外汽车品牌一览（部分）

表6-2 主要欧洲汽车品牌的车标及英文名称

车标						
品牌	奔驰（德）	迈巴赫（德，奔驰）	AMG（德，奔驰）	迈凯伦（英）	路特斯（英）	宝马（德）
英文	Mercedes-Benz	Maybach	AMG	Maclaren	LOTUS	BMW

（续）

车标	![MINI]	![Rolls-Royce]	![Land-Rover]	![Jaguar]	![Aston Martin]	![Volkswagen]
品牌	迷你（英，宝马）	劳斯莱斯（英，宝马）	路虎（英）	捷豹（英）	阿斯顿马丁（英）	大众（德）
英文	MINI	Rolls-Royce	Land-Rover	Jaguar	Aston Martin	Volkswagen
车标	![Audi]	![Skoda]	![SEAT]	![SAAB]	![Porsche]	![Bentley]
品牌	奥迪（德，大众）	斯柯达（捷克，大众）	西雅特（西班牙，大众）	萨博（瑞典）	保时捷（德）	宾利（英，大众）
英文	Audi	Skoda	SEAT	SAAB	Porsche	Bentley
车标	![Lamborghini]	![Scania]	![MAN]	![Volvo]	![Ferrari]	![Maserati]
品牌	兰博基尼（意，奥迪）	斯堪尼亚（瑞典）	曼（德）	沃尔沃（瑞典，吉利）	法拉利（意）	玛莎拉蒂（意）
英文	Lamborghini	SCANIA	MAN	VOLVO	Ferrari	Maserati
车标	![Bugatti]	![Renault]	![Opel]	![DAF]	![Fiat]	![Alfa Romeo]
品牌	布加迪（法，大众）	雷诺（法）	欧宝（德，Stellantis）	达夫（荷兰）	菲亚特（意，Stellantis）	阿尔法罗密欧（意，Stellantis）
英文	Bugatti	Renault	OPEL	DAF	FIAT	Alfa Romeo
车标	![Lancia]	![Abarth]	![IVECO]	![Morgan]	![Peugeot]	![Citroen]
品牌	蓝旗亚（意，Stellantis）	阿巴斯（意，Stellantis）	依维柯（意，Stellantis）	摩根（英）	标致（法，Stellantis）	雪铁龙（法，Stellantis）
英文	Lancia	Karl Abarth	IVECO	Morgan	Peugeot	Citroen

（续）

车标	![DS]	![Vauxhall]			
品牌	谛艾仕（法，Stellantis）	沃克斯豪尔（英，Stellantis）			
英文	DS	Vauxhall			

美国通用汽车集团总部位于底特律，旗下品牌有别克、雪佛兰、凯迪拉克、GMC、五菱、宝骏等。

福特汽车集团总部位于美国密歇根州迪尔伯恩市，旗下品牌有福特和林肯。

克莱斯勒汽车集团总部位于美国密歇根州海兰德帕克，旗下品牌有克莱斯勒（1925 年创立）、道奇（1928 年购入）、Jeep（1987 年购入），2011 年被意大利菲亚特汽车集团并购，成立菲亚特克莱斯勒汽车公司（FCA）。

主要美国汽车品牌的车标及英文名称见表 6-3。

表 6-3　主要美国汽车品牌的车标及英文名称

车标	![GM]	![Cadillac]	![Buick]	![Chevrolet]	![GMC]	![Ford]
品牌	通用	凯迪拉克（通用）	别克（通用）	雪佛兰（通用）	GMC（通用）	福特
英文	GM	Cadillac	Buick	Chevrolet	GMC	Ford
车标	![Lincoln]	![Mustang]	![Chrysler]	![Dodge]	![Jeep]	![TESLA]
品牌	林肯（福特）	野马（福特）	克莱斯勒（Stellantis）	道奇（Stellantis）	Jeep	特斯拉
英文	Lincoln	Mustang	Chrysler	Dodge	Jeep	TESLA

丰田汽车集团总部位于日本东京，旗下品牌有丰田、雷克萨斯、大发、日野、塞恩。

本田汽车集团总部位于日本东京，旗下品牌有本田、讴歌。

日产汽车集团总部位于日本横滨市，旗下品牌有日产、英菲尼迪。现代汽车集团总部位于韩国首尔，旗下品牌有现代、捷尼赛思、起亚（1998 年购入）。

主要日韩汽车品牌的车标及英文名称见表 6-4。

表 6-4　主要日韩汽车品牌的车标及英文名称

车标						
品牌	丰田（日）	雷克萨斯（日，丰田）	大发（日）	马自达（日）	三菱（日）	斯巴鲁（日）
英文	Toyota	LEXUS	Daihatsu	Mazda	Mitsubishi	Subaru
车标						
品牌	本田（日）	讴歌（本田）	五十铃（日）	铃木（日）	双龙（韩）	英菲尼迪（日产）
英文	HONDA	ACURA	Isuzu	Suzuki	Ssangyoung	Infiniti
车标						
品牌	现代（韩）	捷尼赛思（现代）	起亚（韩）	日产	日野（日）	日产柴（日）
英文	Hyundai	Genesis	KIA	Nissan	HINO	UD

6-5　我国传统车企汽车品牌有哪些？

我国传统车企创立的汽车品牌可说是层出不穷、品类繁多。除了原有的燃油车品牌外，为了与造车新势力品牌对阵，有的还另外创立了新能源汽车及电动汽车品牌，有的为了区分消费层级，又创立有高端品牌。如长城高端品牌"魏"、越野高端品牌"坦克"、皮卡高端品牌"炮"；再如吉利电动高端品牌"极氪"、"银河"；比亚迪高端品牌"仰望"等。

比亚迪汽车集团品牌：比亚迪、腾势、仰望。
吉利汽车集团品牌：吉利、睿蓝（电动）、几何（电动）、银河（电动）、领克、极星（电动）、极氪（电动）。
长城汽车集团品牌：长城、哈弗（SUV）、魏、炮（皮卡）、坦克（越野）、欧拉（电动）。
长安汽车集团品牌：长安、欧尚、凯程、深蓝（电动）、阿维塔（电动）。
奇瑞汽车集团品牌：奇瑞、星途、捷途、开瑞、凯翼。
北汽汽车集团品牌：北京、极狐（电动）、幻速、威旺、昌河。
上汽汽车集团品牌：荣威、名爵、大通、非凡（电动）、智己（电动）。
广汽汽车集团品牌：传祺、埃安（电动）。
一汽汽车集团品牌：解放（商用）、红旗、奔腾。

东风汽车集团品牌：东风（商用）、风神、风行、风光、小康、岚图（电动）。
我国主要传统汽车品牌及车标见表 6-5。

表 6-5　我国主要传统汽车品牌及车标

车标						
品牌	欧尚（长安）	长安	深蓝（长安）	阿维塔（长安）	长城	哈弗（长城）
车标						
品牌	魏（长城）	坦克（长城）	欧拉（长城）	吉利	炮（长城）	几何（吉利）
车标						
品牌	银河（吉利）	雷达（吉利）	领克（吉利）	极氪（吉利）	极星（吉利）	奇瑞
车标						
品牌	开瑞（奇瑞）	凯翼（奇瑞）	星途（奇瑞）	捷途（奇瑞）	福田（北汽）	东南
车标						
品牌	比亚迪	仰望（比亚迪）	腾势（比亚迪）	大通（上汽）	上汽	荣威（上汽）
车标						
品牌	名爵（上汽）	飞凡（上汽）	智己（上汽）	一汽	红旗（一汽）	奔腾（一汽）
车标						
品牌	东风	启辰（东风）	风行（东风）	岚图（东风）	问界（小康）	北汽

（续）

车标						
品牌	威旺（北汽）	极狐（北汽）	昌河（北汽）	传祺（广汽）	埃安（广汽）	江淮
车标						
品牌	江铃	驭胜（江铃）	宝骏（通用）	海马	五菱（通用）	英致（潍柴）
车标						
品牌	金杯（华晨）	观致（宝能）				

6-6 我国"造车新势力"汽车品牌有哪些？

"造车新势力"指是的自新能源汽车兴起后，从别的行业或领域涌入的造车势力，如互联网、房产业、通信电子行业的巨头，在国内比较知名的有蔚来、小鹏、理想等。

我国主要"造车新势力"汽车品牌及车标见表6-6。

表6-6 我国主要"造车新势力"汽车品牌及车标

车标						
品牌	蔚来	小鹏	理想	哪吒	零跑	天美（创维）
车标						
品牌	恒驰（恒大）					

6-7 手动档、自动档、手自一体汽车有什么来由？

手动档车动力传动系统的变速器为手动操纵形式，即手动变速器；自动档车动力传动系统的变速器为自动控制形式，即自动变速器；手自一体式汽车搭载的自动变速器也兼有手动换档功能，如图6-6所示。

a) 手动变速器　　　　　　b) 自动变速器　　　　　　c) 手自一体变速器

图 6-6　不同变速器换档机构类型

6-8 面包车、两厢车、三厢车还有敞篷车分别指什么样的汽车？

按车身形式，汽车可以分为面包车（厢式车）、两厢车（旅行车、SUV、MPV等）、三厢车（传统轿车），还有敞篷车（分软顶和硬顶）。

面包车也就是单厢车，是指前后没有突出的机舱和行李舱，就像一个面包一样的车辆，其车身样式如图6-7所示。由于这种车就像缩小的巴士一样，英文"minibus"的读音也近似于"面包"，于是它们就有了"面包车"的称号。

图 6-7　面包车车身结构

两厢车是指少了突出的行李舱的轿车，它将车厢与行李舱做成同一个厢体，并且机舱独立的布置形式，其样式如图6-8所示。在国外，两厢车通常叫作"hatchback"，也就是掀背的意思。常见的SUV、MPV、SRV、CUV等CROSS车型都属于两厢车。

常见的轿车一般是三厢车，它的车身结构由三个相互封闭用途各异的"厢"所组成：前部的机舱、车身中部的乘员舱和后部的行李舱，如图6-9所示。在国外，三厢车通常叫作Sedan或saloon。

图 6-8　两厢车车身结构

图 6-9　三厢车车身结构

敞篷车英文名为 Roadster/Cabriolet/Convertible，一般是指带有折叠式可开启车顶的跑车，根据车顶材料可以分为软顶敞篷车和硬顶敞篷车，如图 6-10 所示。

a) 硬顶敞篷（敞开状态）　　b) 硬顶敞篷（工作状态）　　c) 软顶敞篷（封闭状态）

图 6-10　敞篷车车身结构

6-9　汽车车辆识别码（VIN）包含哪些信息？

VIN（Vehicle Identification Number）全称为车辆识别代号，俗称车架号、17 位识别代号等。该代号是制造厂给一辆车指定的一组识别字码，对应于每一辆车，并能保证五十年内在全世界范围内不重复出现。因此也可称其为"汽车身份证"。

汽车车辆识别码位置一般标示于以下位置：仪表与前风窗玻璃左下角交界处，发动机前横梁上，左/右前门边或立柱上，发动机、车架等大部件上，前风窗玻璃下车身处，散热器支架上，质保和保养手册、车主手册上，如图 6-11 所示。

车辆识别代号中含有车辆的制造厂家、生产年代、车型、车身形式、发动机以及其他装备的信息，如图 6-12 所示。

1. 世界制造厂识别代码（WMI）

WMI 由前三位组成：表示制造厂、品牌和类型。用来标识车辆制造厂的唯一性。

第 1 位为生产国家代码：1—美国；2—加拿大；3—墨西哥；4—美国；6—澳大利亚；9—巴西；J—日本；K—韩国；L—中国；V—法国；S—英国；T—瑞士；W—德国；Y—瑞典；Z—意大利

图 6-11 车辆信息码（车架号）标识位置

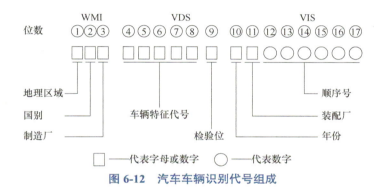

图 6-12 汽车车辆识别代号组成

2. 车辆描述部分（VDS）

VDS 第 1 位即 VIN 第④位为新能源种类代码：1—柴油混合动力汽车；2—汽油混合动力汽车；3—纯电动汽车；4—燃料电池电动汽车；5—二甲醚汽车

VIN 的第⑤位为新能源汽车功率代码，具体表示数据范围见表 6-7。

表 6-7 新能源汽车功率代码

代码	新能源功率 P/kW	代码	新能源功率 P/kW	代码	新能源功率 P/kW
A	$60 \leqslant P < 65$	M	$140 \leqslant P < 150$	Z	$250 \leqslant P < 260$
B	$65 \leqslant P < 70$	N	$150 \leqslant P < 160$	1	$260 \leqslant P < 270$
C	$70 \leqslant P < 75$	P	$160 \leqslant P < 170$	2	$270 \leqslant P < 280$
D	$75 \leqslant P < 80$	R	$170 \leqslant P < 180$	3	$280 \leqslant P < 290$
E	$80 \leqslant P < 85$	S	$180 \leqslant P < 190$	4	$290 \leqslant P < 300$
F	$85 \leqslant P < 90$	T	$190 \leqslant P < 200$	5	$300 \leqslant P < 310$
G	$90 \leqslant P < 100$	U	$200 \leqslant P < 210$	6	$310 \leqslant P < 320$
H	$100 \leqslant P < 110$	V	$210 \leqslant P < 220$	7	—
J	$110 \leqslant P < 120$	W	$220 \leqslant P < 230$	8	—
K	$120 \leqslant P < 130$	X	$230 \leqslant P < 240$	9	—
L	$130 \leqslant P < 140$	Y	$240 \leqslant P < 250$	0	—

VIN 的第⑥位为车辆车身长度代码,表示数据范围见表 6-8。

表 6-8　车辆车身长度代码

代码	车身长度 L/m	代码	车身长度 L/m	代码	车身长度 L/m
A	$3.5 \leqslant P < 4.0$	M	$10 \leqslant P < 10.5$	Z	$15.5 \leqslant P < 16.0$
B	$4.0 \leqslant P < 4.5$	N	$10.5 \leqslant P < 11.0$	1	—
C	$4.5 \leqslant P < 5.0$	P	$11.0 \leqslant P < 11.5$	2	—
D	$5.0 \leqslant P < 5.5$	R	$11.5 \leqslant P < 12.0$	3	—
E	$5.5 \leqslant P < 6.0$	S	$12.0 \leqslant P < 12.5$	4	—
F	$6.0 \leqslant P < 6.5$	T	$12.5 \leqslant P < 13.0$	5	—
G	$6.5 \leqslant P < 7.0$	U	$13.0 \leqslant P < 13.5$	6	—
H	$7.0 \leqslant P < 8.5$	V	$13.5 \leqslant P < 14.0$	7	—
J	$8.5 \leqslant P < 9.0$	W	$14.0 \leqslant P < 14.5$	8	—
K	$9.0 \leqslant P < 9.5$	X	$14.5 \leqslant P < 15.0$	9	—
L	$9.5 \leqslant P < 10$	Y	$15.0 \leqslant P < 15.5$	0	—

VIN 的第⑦位为车辆最大乘员数量代码,不同代码表示数据范围见表 6-9。

表 6-9　车辆最大乘员数量代码

代码	最大乘员数 n	代码	最大乘员数 n
A	$10 \leqslant n < 15$	N	$70 \leqslant n < 80$
B	$15 \leqslant n < 20$	P	$80 \leqslant n < 90$
C	$20 \leqslant n < 25$	R	$90 \leqslant n < 100$
D	$25 \leqslant n < 30$	S	$100 \leqslant n < 110$
E	$30 \leqslant n < 35$	T	$110 \leqslant n < 120$
F	$35 \leqslant n < 40$	U	$120 \leqslant n < 130$
G	$40 \leqslant n < 45$	V	$130 \leqslant n < 140$
H	$45 \leqslant n < 50$	W	$140 \leqslant n < 150$
J	$50 \leqslant n < 55$	X	$150 \leqslant n < 160$
K	$55 \leqslant n < 60$	Y	$160 \leqslant n < 170$
L	$60 \leqslant n < 65$	Z	$170 \leqslant n < 180$
M	$65 \leqslant n < 70$	1	$180 \leqslant n < 190$

VIN 第⑧位为车辆最大总质量,不同代码表示数据范围如表 6-10 所示。

表 6-10　车辆最大总质量

代码	最大总质量 m/kg	代码	最大总质量 m/kg
K	$1000 \leqslant m < 2000$	B	$3500 \leqslant m < 4500$
A	$2000 \leqslant m < 3500$	C	$4500 \leqslant m < 5500$

(续)

代码	最大总质量 m/kg	代码	最大总质量 m/kg
D	$5500 \leq m < 6500$	T	$9500 \leq m < 10500$
E	$6500 \leq m < 7500$	U	$10500 \leq m < 11500$
F	$7500 \leq m < 8500$	V	$11500 \leq m < 12500$
R	$8500 \leq m < 9500$	X	$12500 \leq m < 13500$

VIN 第⑨位为车辆检验位，为 0~9 任一数字或字母 X。

3. 车辆指示部分（VIS）

VIS 由第 VIN 的 10~17 位组成。它是制造厂为了区别不同车辆而指定的一级字符，其最后四位应是数字。

第⑩位为车辆年份，其规定与传统汽车一致。由字母（不使用 I、O、Q、U、Z 等易与数字混淆的字母）和数字循环使用，以 30 年为一个周期，见表 6-11 所示。即厂家规定的型年（Model Year），不一定是实际生产的年份，但一般与实际生产的年份之差不超过 1 年。

表 6-11　汽车生产年份代号

年份	代号	年份	代号	年份	代号	年份	代号
2001	1	2009	9	2017	H	2025	S
2002	2	2010	A	2018	J	2026	T
2003	3	2011	B	2019	K	2027	V
2004	4	2012	C	2020	L	2028	W
2005	5	2013	D	2021	M	2029	X
2006	6	2014	E	2022	N	2030	Y
2007	7	2015	F	2023	P		
2008	8	2016	G	2024	R		

VIN 的第 ⑪ 位为装配厂代码。
VIN 的第 ⑫~⑰ 位为车辆顺序号。

6-10　我国燃油汽车的牌照是怎样的？

我国使用不同底色及字体颜色的车牌来对车型进行分类。如蓝底白字车牌、黄底黑字车牌、黑底白字车牌、白底黑字车牌等，示例如图 6-13 所示。

蓝底白字的车牌是平时最为常见的车牌了，它用于普通小型车，使用的车型以私家车、出租车和单位用车为主，也是目前在使用的主流车牌。

黄底黑字的车牌也是比较常见的，这是专用于大型车辆的车牌，像货车、客车、工程车、特种

图 6-13　分颜色的汽车车牌

车辆、公交车和一些机械装卸车，还有摩托车都使用这种车牌。但有些普通车辆上也会是使用这种黄底黑字的车牌，像车长超过 6.2m 的奔驰迈巴赫豪华轿车和驾校的教练用车，都是用的这种黄底黑字的车牌。我国对大型汽车有具体的定义：大型汽车指的是总质量 4.5 吨（含）、乘坐人数（驾驶员除外）20 人（含）或车长 6 m（含）以上的汽车。

白底黑字车牌是国家政法部门（公安、法院、检查院等）、武警部队和解放军部队的专用车牌。

黑底白字车牌用于使、领馆汽车以及港澳驶入大陆地区的车辆。

6-11 我国新能源汽车牌照是怎样的？

新能源汽车号牌号码增加一位，与普通汽车号牌相比，新能源汽车号牌号码由 5 位升为 6 位。新能源汽车号牌按照不同车辆类型实行分段管理，字母"D""A""B""C""E"代表纯电动汽车，字母"F""G""H""J""K"代表非纯电动汽车（包括插电式混合动力和燃料电池汽车等）。

新能源汽车号牌增加专用标志，标志整体以绿色为底色，寓意环保、新能源，绿色圆圈中右侧为电插头图案，左侧彩色部分与英文字母"E"（Electric 电）相似，牌照及标志如图 6-14 所示。

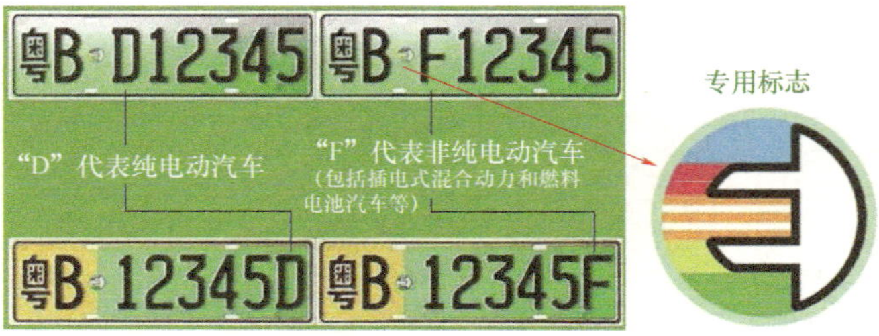

小型新能源汽车号牌底色采用渐变绿色，代表车辆类型的字母（如"D"或"F"）位于号牌序号的第一位，大型新能源汽车号牌底色采用黄绿双拼色。代表车辆类型的字母（如"D"或"F"）位于号牌序号的最后一位。

图 6-14 新能源汽车牌照样式

6-12 我国汽车车牌号的编号规则是怎样的？

我国车牌号是由省市的简称 + 各个地级市的字母代码 +5 位车牌号组成。车牌号的第一位就是省市的简称。车牌号的第二位是英文字母，代表的是该车辆所在的地级市，一般用 A 代表省会城市，一般从 B 往后是随机排列的。

5 位车牌号是有三种规则来进行编码的，一全部都使用阿拉伯数字，二是用两位英文字母（为了避免与数字 0 和 1 混淆，不使用英文字母 O 和 I）加三位阿拉伯数字，三是每一位都可以单独使用英文字母（I 和 O 除外）。

6-13 选购汽车时主要了解哪些车身参数？

我们在选购汽车时常常需要对这款车型的相关参数进行了解，如车体的外形尺寸、离地间隙、轮距、轴距等，这些就是汽车的车身参数，通过这些参数可以了解车身的大小，汽车的乘坐空间及通过性等等。车身主要参数的含义如图 6-15 所示。

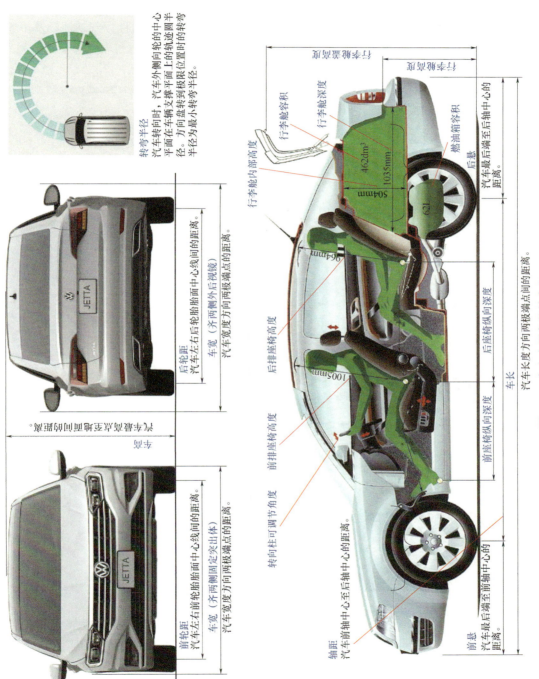

图 6-15 车身主要参数的含义

6-14 汽车性能参数主要有哪些？

通过汽车的性能参数，消费者可以了解汽车的性能表现，比如动力性、制动性以及车辆的通过性等。汽车主要性能参数的含义如图 6-16 所示。

加速性能
汽车速度从0km/h全力加速到100km/h所用的时间。

制动性能
通常用汽车由100km/h全力制动到完全静止时行驶的最短距离来表示。

图 6-16 汽车主要性能参数的含义

6-15 新能源汽车与燃油汽车如何选择？

关于购买汽车时是选择电动车还是燃油车，下面针对电动汽车与燃油汽车各自的优缺点，做一些粗浅分析，以供参考。

1）工作和生活在燃油车限购区域（我国部分实施燃油汽车限购城市及其新能源汽车牌照政策见表 6-12），缺少燃油车号牌，平时充电方便或者停车位可以加装充电器，可选择电动汽车。

表 6-12 我国部分实施燃油汽车限购的城市及其新能源汽车牌照政策

限购开始时间	城市	燃油汽车限购方式	新能源汽车牌照政策
1994 年	上海	牌照拍卖	免费牌照
2010 年 12 月 23 日	北京	摇号	购买纯电动车按申请顺序单独排号
2011 年 7 月 12 日	贵阳	专段号牌摇号	清洁能源车不限制
2012 年 6 月 30 日	广州	摇号+竞价	节能车单独摇号、新能源免摇号
2013 年 12 月 16 日	天津	摇号+竞价	节能车单独摇号、新能源免摇号
2014 年 3 月 26 日	杭州	摇号+竞价	免摇号
2014 年 12 月 29 日	深圳	摇号+竞价	免摇号

2）如果需要加购家庭第 2 或第 3 辆车，平时充电方便，主要在城区使用，可选择电动汽车。

3）对电动汽车很感兴趣，日常用车极少有远距离长途驾驶场景，有固定停车位而且可以加装充电器，可选择电动汽车。

除上述情况之外，建议选择燃油汽车，在目前情况下选择燃油汽车更为稳妥。保值率更高，购买成本更低。此外，还可以选择结合了燃油汽车和电动汽车优点的混合动力汽车，它比燃油车使用成本更低，相比纯电动汽车，又可以消除里程焦虑和充电焦虑。

混动汽车作为传统燃油车与电动汽车之间的过渡方案，当前更切合实际，实用性更高，相比燃油车价格没有高很多，更适合在大中城市使用。

6-16 怎样选购纯电动汽车？

在选车时，首先需要关注的就是动力性，包括汽车电动机最大转矩以及功率。

通常来说，我们主要看的是汽车的最高车速和加速性能。

在日常起步的时候，电动机的驱动特性也更能让我们感受到足够的加速感，动力体验方面，往往会比燃油车更为出众。如图 6-17 所示，比亚迪的纯电动汽车唐 EV0—100km/h 加速时间仅为 4.4s。

图 6-17 电动车加速性能优于燃油车

除了动力性，电动汽车的续驶里程也是大家关注的焦点。

这两年，随着国家新能源政策引导以及技术进步，纯电动汽车的续驶里程有了明显的提升。因为不同的使用场景对于续驶里程的需求不尽相同，在选车时，我们还是需要根据自身的需求来定。

如果需要经常长途出行，可以适当考虑更高续驶里程的车型，500km 左右能基本满足需求，当然，现在市面上 600km、700km 甚至 1000km 续驶里程的车型都陆续推出了，如图 6-18 所示。

图 6-18　比亚迪唐 EV 730km 两驱版本的铭牌信息

由于纯电动汽车采用电力驱动，纯电动汽车比传统燃油车的使用成本会更低。

纯电动汽车能耗经济性评价指标，通常可以看汽车的百公里耗电量，也就是一辆电动车行驶一百公里需要消耗多少度电。选择电耗水平低的车型，日常用车成本也会更低。

一台电动汽车的核心是"三电"技术，即电池、电机和电控系统，如图 6-19 所示。在选车时，"三电"信息不仅体现了电动车的技术水准，其也直接影响着驾驶的操控性和舒适度。

图 6-19　纯电动汽车三电系统

大多数电动汽车起火事故主要由三电系统故障导致，这也是我们前面提到需要关注"三电"技术水准的原因之一。对于纯电动汽车来说，安全性是靠设计、制造和使用的全流程来保障的。

选车的同时也是在选品牌。随着越来越多的造车新势力加入，新能源汽车的品牌也是琳琅满目。因此，我们选车时也不要忘记多对比一下品牌和口碑。

新能源汽车另一大吸引力就是在其更具优势的科技属性。例如车内中控屏幕、液晶仪表、智能车机系统以及车辆的高级驾驶辅助系统，都带来了新的用车体验。

对于电动汽车而言,通常三电系统的成本约占整车的一半甚至更多,如果一旦脱离质保期,再更换维修相关部件,特别是动力电池的费用可不是一个小数目。所以,我们在购车时,也需要关注车辆的三电系统质保时间以及公里数。如今有不少车企为了消除消费者的后顾之忧,已经推出了三电系统终身质保政策。

6-17 怎样选购混合动力汽车?

无论是插电混动、油电混动还是增程混动,都是为了一个目的:减能减排。混动车理论上属于过渡产品,都是在当前纯电车续驶里程不长、电池充电时间过长、充电桩数量不够的产物。油电混动汽车(HEV)由于纯电续驶里程达不到50km,在我国无法享受绿牌和免购置税等政策优惠。

如果追求性能,喜欢享受电动车的提速快感,日常行驶里程比较短,那么购买插电混动汽车是一个不错的选择,如图6-20所示。

图 6-20　插电混动汽车加速性能优于同级燃油车

如果不追求性能,经常在北方冬季低温环境用车,则不建议购买插电混动车型,不需要外接充电的油电混动汽车是更好的选择,示例车型如图6-21所示。

图 6-21　油电混动示例车型

第 7 章 汽车使用技巧

7-1 燃油汽车在新车磨合期使用要注意些什么?

在磨合期内（新车前 1500km 内），按下面要求进行操作，不仅可降低发动机燃油和机油消耗率，而且能延长传动系统的使用寿命。

1）车速不超过最高允许车速的 3/4。
2）避免将加速踏板踩到底行驶。
3）不要牵引挂车行驶。
4）避免负荷过重：新车在磨合期若满载运行，可能会对机件造成损坏，因此，在初次行驶的 1000km 内，不能超过额定载荷的 75%~80%。
5）为减少车身和动力系统负荷，应尽量选较平坦的行车路面，避免振动、冲撞或紧急制动。
6）新轮胎也须经过磨合方能达到最佳附着状态，最初 100km 内，应以适中速度行驶，确保轮胎磨合良好，提高使用寿命。
7）使用优质汽油：新车在磨合期内使用的汽油不能低于厂家规定的标号，应尽量添加优质的汽油。

7-2 积炭对汽车发动机有何影响？如何避免积炭形成？

积炭是指一种发动机的气门、燃烧室和进气管上积累的混合物，如图 7-1 所示。它是由发动机的燃料未能充分燃烧，在高温和氧的催化作用下形成盐酸和树脂状的胶质，黏附在零件表面上，再经过高温作用进一步浓缩成沥青质和油焦质等复杂的混合物。积炭可以分为气门、燃烧室积炭和进气管积炭两种。

积炭对发动机的影响：降低发动机功率；增大发动机油耗；发动机冷起动困难；燃烧室积炭严重时还可能会爆燃；低转速时加速有异响；活塞环会卡死造成烧机油。更严重的后果是胶质粘住气门，活塞上行时与未回位的气门相撞，造成发动机损伤。

总而言之，积炭会影响发动机性能及使用寿命，从而影响整车的动力性和经济性。为避免积炭形成，在平时使用燃油汽车要注意以下事项：

1）按规定进行定期保养，适当对燃油供给系统和进气系统进行清洗。
2）到正规的加油站加注高质量的燃油。
3）对于经常短途低转速行驶的车辆，建议适当低档位高转速行驶或进行适当的高速行驶。

4）定期对车辆进行专业检查，使用原厂专用的燃油添加剂。

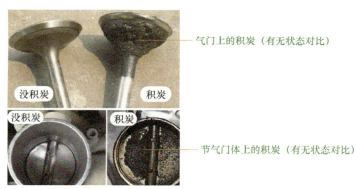

图 7-1　汽车发动机中的积炭

7-3　汽车刮水器工作异常怎么办？要怎样正确使用？

刮水器工作异常的可能原因：刮水器的胶条被硬物（例如沙粒、尘土、胶质和冰等）划伤；前风窗玻璃表面比较干燥，刮水器工作时就容易产生跳动或响声；如果刮水器橡胶条被腐蚀后，胶条的表面也会产生细小的裂纹或缺口，也可能导致刮水器刮不干净的现象出现。出现上述情况，是由于刮水器片损坏或风窗玻璃不洁净所致。

使用刮水器时应注意以下事项：

1）如果风窗玻璃上面有脏污，不建议直接用刮水器清理，应该将风窗玻璃上面的脏污去除后，才可用刮水器去清洁玻璃。

2）避免"干刮"现象，因为"干刮"很容易使刮水器片早期损坏或造成玻璃划伤，所以刮水器工作之前必须保证风窗玻璃上面有足够的水分润滑，建议在有雨水或喷水后再使用刮水器。

3）不能使用非原厂清洗液或其他带有腐蚀性液体。

4）刮水器片的使用寿命大约是半年，定期更换刮水器片并保持风窗玻璃表面无杂物是保证刮水器片正常工作的先决条件。

5）如下雪后积雪很多，先不要用刮水器直接刮，应先用刮雪铲把雪刮干净，喷水之后再使用刮水器。

7-4　如何为电动汽车充电？

以比亚迪 e5 为例，充电口隐藏在中央格栅后面，充电接口有照明灯；充电口盖拉锁位于驾驶员前方仪表板左下角，如图 7-2 所示，与之布置在一起的为前机舱盖开关。

图 7-3 所示为 e5 车型匹配的交流充电口和直流充电口，分别可以连接交流充电桩充电和直流充电桩充电；充电时间与充电设备的功率有关，充电时车辆电源处于 OFF 档，注意不要湿手拔插充电枪，充电枪口有异常磨损或沾有液体禁止插枪充电。仪表上显示充电连接

指示灯及充电信息时才可正常充电。

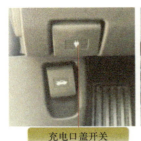

图 7-2　充电口盖开关位置

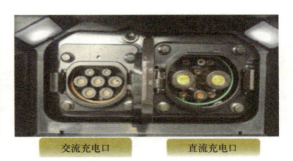

图 7-3　交流与直流充电口样式

使用功率为 60kW 以上直流充电设备，通常在常温条件下 2h 以内可以完成充电，充满电时，动力电池控制器系统自动切断充电回路，停止充电。

1. 充电上电流程

1）电源退至 OFF 档下电。
2）解锁充电口舱门开关，打开充电口舱门。
3）打开交流充电口盖。
4）连接供电接口。
5）连接车辆接口。
6）充电设置。
7）充电开始。

2. 充电结束流程

1）充电结束。
2）断开车辆接口。
3）断开供电接口。
4）整理设备。
5）关闭充电口保护盖和充电口舱门。

3. 注意事项

1）若在充电过程中进行车辆上电，并使用空调、音响等用电设备，会导致实际充电功率降低，充电时间会相应延长。

2）若在充电中执行上电操作后，车辆需要停止充电，有如下两种方法：

a. 先点按启动开关，将车辆下电，执行退出充电的相关操作，拔下充电枪，再执行其他相应操作。

b. 整车在保持上电的状态下，先执行退出充电的相关操作，拔下充电枪，此时车辆仪表仍然不会直接点亮，需在不踩制动踏板的情况下，先点按启动开关，使整车下电，再执行其他操作。

4. 电动汽车对外放电

以比亚迪车型为例，拥有车辆对外放电功能（装有时），车外放电为车辆对负载放电（VTOL）。

车辆对负载放电连接装置（VTOL）由放电枪、排插、电缆及放电枪保护盖组成，如图 7-4 所示。设备规格：220V，50Hz，16A，车外放电即通过 VTOL 连接实现车外放电，最大放电功率为 3.3kW。

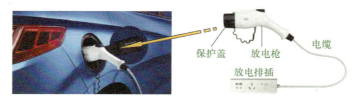

图 7-4 车外放电连接与设备

放电流程为：

1）放电前，确保放电车辆的整车电量不低于 15%；

2）车辆下电，按下放电开关，进入放电模式设置，此时组合仪表上显示提示信息。

3）仪表提示"请在 10 分钟内连接放电枪，如需取消，请长按方向盘【菜单】按键或操作【放电】开关"，如图 7-5 所示。

4）将放电排插连接外部负载，即可对外放电。

a) 放电开关　　　　　　　　b) 仪表提示

图 7-5 放电开关位置与仪表提示

7-5 电动汽车如何防止过充电过放电？

锂离子电池在充电过程中，锂离子会从正极中脱嵌，再嵌入负极，放电则反之，原理简图如图 7-6 所示。如果过量充电时，将会使正极锂离子过度脱出，晶体结构坍塌，温度上升，造成正极材料不可逆分解，减少正极材料活性容量，增加电解液副反应，释放氧气和热量。从而导致发生"热失控"的情况，引发爆炸、着火。过放也会使电池内压升高，正负极活性物质可逆性受到破坏，导致电池性能会降低和损坏。

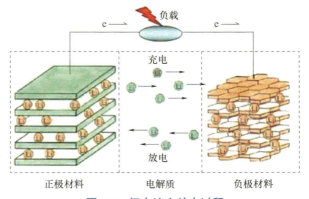

图 7-6 锂电池充放电过程

目前大部分车型都有设置相应的电池电量冗余，通俗易懂的理解就是，如果电池本身有

100kW·h 的容量，通过技术手段锁止一部分电量，实际可用的电量将小于 100kW·h，如此一来，就能够有效地避免用户对电池过充过放。除此之外，有的厂家还会对充电量进行限制，如采取措施将充电量限制在 90%。

另外，电池管理系统（BMS）也可以通过对电池电压、温度、电流等信息进行采集，实现高压安全管理、电池状态分析、能量管理、故障诊断管理、电池信息管理等功能，严格监控电池状态，当有突发情况出现时，系统也将第一时间作出反应，从而保证安全。

7-6 电动汽车使用要注意哪些事项？

1. 夏季注意事项

1）雨季行车前应先做好行车前检查，主要检查刮水器、车辆空调除雾功能是否正常。
2）在泥泞路面行驶时，不要猛踩加速踏板，以免发生侧滑。
3）请勿驶入深水中，以免被困。
4）当车辆被积水浸泡时，不要继续行驶，应迅速断电并离开车内。
5）暴雨打雷时、尽量不要充电，车辆在露天或者地势较低的地方充电时，下雨后应终止充电，以免积水高度超过充电口发生短路。

2. 冬季注意事项

1）纯电动车辆在冬季低温行驶后，建议及时充电，避免因长时间停驶导致动力电池温度过低，造成活性下降内阻升高。
2）避免因冬季气温较低导致充电异常等情况的出现，应及时检查充电电流，若充电电流达到 12A 以上，则充电已开启。

3. 特殊情况处置

如果车辆在行驶中机舱起火，主要因为电机控制器出故障元件温度失控起火、电线接头接触不良，通电时打火引燃电线绝缘层破损及动力电池内部故障起火。当出现车辆起火时，请立即停车并切断电源下车。如果是动力电池热失控导致起火，请立即远离车辆并报火警。

7-7 电动汽车与燃油汽车的使用成本怎样计算？

汽车使用成本主要包括能源成本、保险税费成本、维修保养成本等。

1. 能源成本

燃油汽车能源成本（元）= 行驶里程数（km）× 百公里油耗（L）× 油价（元/L）÷100。以每年行驶 2 万公里计算，百公里油耗为 10L（四驱大型 SUV），油价按 8.8 元/L 计算；一年下来燃油车的加油费用为 17600 元。

（纯）电动汽车能源成本（元）= 行驶里程数（km）× 百公里电耗（kW·h）× 电价（元/kW·h）÷100。同样以一年行驶 2 万公里计算，百公里电耗为 15.7kW·h（比亚迪唐 EV），电价按 0.65 元/kW·h 计算，一年下来的充电费用为 2041 元。

2. 保险税费成本

2021 年 12 月 14 日，《中国保险行业协会新能源汽车商业保险示范条款（试行）》正式发布。针对新能源汽车在日常使用过程中可能出现车身及"三电"系统问题和故障，《条款》

明确了保障范围和权益。通常而言，新能源汽车的商业险费用略高于同价格的传统燃油汽车，依据车型不同，通常高出 10% 左右。

我国财政部、税务总局、工业和信息化部发布关于新能源汽车免征车辆购置税有关政策的公告。自 2021 年 1 月 1 日至 2023 年 12 月 31 日，对购置的新能源汽车免征车辆购置税。免征车辆购置税的新能源汽车是指纯电动汽车、插电式混合动力（含增程式）汽车、燃料电池汽车。油电混动汽车不在此列。

车辆购置税的应纳税额＝应税车辆的计税价格 × 税率

1）按照发票上"价税总计"金额计算的话，购置税＝价税总计 ÷1.13×10%（目前汽车增值税税率为 13%）。

2）按照发票上"不含税价"金额计算的话，购置税＝不含税价 ×10%。

比如当车主花 20 万裸车价购买一辆新车的时候，车主应该缴纳的汽车购置税为：20 万 ÷1.13×10%=17699 元，所以车主应该缴纳 17699 元的车辆购置税。

财政部、国家税务总局于 2015 年 5 月 7 日发布了《关于节约能源使用新能源车船车船税优惠政策的通知》，自发布之日起执行。免征车船税的使用新能源汽车是指纯电动商用车、插电式（含增程式）混合动力汽车、燃料电池商用车。纯电动乘用车和燃料电池乘用车不属于车船税征税范围，对其不征车船税。

而购买燃油车是需要按排量每年缴纳一定的车船税的，不同排量的税费各地标准不一，2021 年的标准见表 7-1 所示。

表 7-1　2021 年中国大陆地区车船税税目税额表

地区	排量 /L						
	≤ 1.0	1.0~1.6	1.6~2.0	2.0~2.5	2.5~3.0	3.0~4.0	> 4.0
安徽	180	300	360	660	1200	2700	3900
北京	250	350	400	750	1600	2900	4400
福建	180	300	360	720	1500	2640	3900
甘肃	240	420	480	720	1800	3000	4500
广东	180	360	420	720	1800	3000	4500
广西	60	360	420	780	1800	3000	4500
贵州	180	300	360	660	1200	2400	3600
海南	60	300	360	720	1500	2700	4200
河北	120	300	480	840	1800	3000	4500
河南	180	300	420	720	1500	3000	4500
黑龙江	240	420	480	900	1800	3000	4500
湖北	240	360	420	720	1800	3000	4500
湖南	120	300	360	720	1800	3000	4500
吉林	240	420	480	900	1800	3000	4500

(续)

地区	排量 /L						
	≤ 1.0	1.0~1.6	1.6~2.0	2.0~2.5	2.5~3.0	3.0~4.0	> 4.0
江苏	120	300	360	660	1200	2400	3600
江西	180	300	360	660	1200	2400	3600
辽宁	300	420	480	900	1800	3000	4500
内蒙古	300	360	420	900	1800	3000	4500
宁夏	120	300	360	660	1800	3000	4500
青海	60	300	360	660	1500	2700	4200
山东	240	360	420	900	1800	3000	4500
山西	180	300	480	720	1800	3000	4500
陕西	180	360	480	720	1800	3000	4500
上海	180	360	450	720	1500	3000	4500
四川	180	300	360	720	1800	3000	4500
天津	270	390	450	900	1800	3000	4500
西藏	60	300	360	660	1200	2400	3600
新疆	180	360	420	720	1800	3000	4500
云南	60	300	390	780	1800	3000	4500
浙江	180	300	360	660	1500	3000	4500
重庆	120	300	360	660	1200	2400	3600

3. 维修保养成本

纯电动车没有发动机，没有变速器，四驱车型也不需要分动器和中央传动轴，因此并没有多少东西需要更换检查的，基本上就是换齿轮油、制动液，然后检查束线是否存在破损，电脑系统是否有故障即可，保养周期能做到每 6 个月或 12000km 左右一次，通常材料加上工时费算下来一共不超过 500 元。从保养方面看，燃油车的机油、制动液等项目均需要不时更换，加上每 5000km 左右就要进行一次保养，保养费用根据车型不同最高可达 1000 元以上。

7-8 电动汽车的"单踏板模式"是什么工作原理？如何安全使用？

在汽车行业中并没有单踏板模式这种专业术语。只是大家自定义地把只操作加速踏板，踩下去加速，抬起来减速，完全释放踏板可以刹停的操作方式称作单踏板模式，如图 7-7 所示。电动汽车可以利用电机制动进行能量回收，因此单踏板操作车辆行驶开始在电驱车上发展普及。

第 7 章 汽车使用技巧

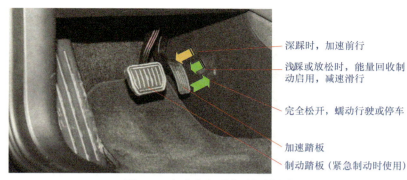

深踩时，加速前行

浅踩或放松时，能量回收制动启用，减速滑行

完全松开，蠕动行驶或停车

加速踏板

制动踏板（紧急制动时使用）

图 7-7 电动汽车"单踏板模式"

单踏板模式可以带来驾驶上的便利，尤其是在城市低速路况下，只控制加速踏板可以有效减少大量的踏板操作（频繁在加速与制动踏板间切换），长期使用可以延长车辆的制动系统寿命，提升续驶里程和汽车的整体性能。但是对于习惯了三踏板（手动档燃油车）或双踏板（自动档燃油车）操作模式的驾驶员来说，发生紧急情况时在肌肉记忆的驱使下会倾向于踩下加速踏板进行制动，从而存在一些安全隐患。

将机动车调整为单踏板模式，原有的制动踏板功能仍可继续使用。当机动车发生紧急情况时，可直接松开油门踏板，踩下制动踏板，使汽车紧急制动，避免事故发生。有的品牌电动汽车系统设置有"单踏板模式"开关功能的，可以根据个人需要进行打开或关闭的设置，如图 7-8 所示为福特电马的设置界面。

"单踏板驾驶模式"开关（关闭状态）

图 7-8 "单踏板驾驶模式"功能开关（福特电马）

7-9 电动汽车怎样驾驶能省电？

在驾驶电动汽车的过程中注意以下细节，将可以帮助您为车辆节省更多的电量，延长续航里程。

1）能量回收：电动汽车具有能量回收功能，并可设置能量回收强度，当能量回收模式设置为较大档位时，可增加车辆制动、滑行过程中回收的能量，车主可根据自己的驾驶习惯进行设置。

2）匀速行驶：驾驶过程中应保持缓慢而稳定的加速，急加速、急转弯及急制动都将消耗更多的电能。在适当的驾驶条件下，使用巡航控制（装有时）能更节省电能。

3）减少制动：适当使用单踏板模式，仅紧急时使用制动踏板进行制动。配合交通信号灯进行驾驶，与前车应保持适当的行驶距离来避免紧急制动，这也将减少制动器的磨损。

4）减小负荷：根据实际情况，适当地关闭空调，以减少电能消耗。当车外大气温度适宜时，可采用室外循环模式送风。避免在车辆上装载不需要的重物。车底盘应保持洁净，确保没有泥浆等物，这不但可以减轻车身的重量防止浪费电能，还可防止腐蚀。

5）车轮维护：保持正确的轮胎气压。轮胎气压不足将导致轮胎磨损和浪费电能。保持正确的车轮定位，定位不准，不仅会引起轮胎的过快磨损，还会使电动总成增加负荷，从而增加电能。

6）降低风阻：高速行驶时，最好关闭车窗。通过关紧门窗来避免高速状态下的空气阻力，同时也能减小风噪声。

7）控制车速：在车辆行驶中要慢踩加速踏板，轻踩制动，充分使用能量回收。车速越快风阻自然也就越大。

7-10 燃油汽车怎样驾驶能节油？

同驾驶电动汽车一样，降低油耗也有很多相似之处，如减负降阻、控制车速、胎压合理等等。以下总结与电动汽车不同的几点地方，供驾驶燃油车辆时参考。

1）控制转速：行驶中，发动机转速控制在2200~2500r/min最合适。一般汽车怠速运转一分钟以上所消耗的燃油要比重新起动所消耗燃油多，所以，如果停车时间较长时，可以将发动机熄火。

2）温和驾驶：低档起步时，缓缓地踩下加速踏板，缓慢加速。在通过交叉路口、下坡，都应提前抬起加速踏板，减少制动。如果道路拥塞，而前车又经常制动，就应该和前车保持足够的跟车距离。

3）及时保养：加强空气滤清器的保养，如空气滤清器过脏或堵塞，将使混合气过浓，增加燃油消耗。火花塞电极间隙调整适当并保持清洁，否则将影响火花质量，增加燃油消耗。调整制动器，使其必须保证制动的灵敏与可靠，确保解除制动迅速无拖滞。

4）减少拥堵：尽量避免高峰期出行或选择一些通畅的道路绕行。

第 8 章　汽车保养方法

8-1　电动汽车有哪些高压安全策略？

电动汽车一般防范高电压对人员和车辆的造成的危害与不利影响的安全策略见表 8-1。

表 8-1　电动汽车高压安全策略

策略	线束和插接器的颜色代码	安全标记与警示标签	触电防护
说明	所有高压线束和插接器使用醒目的橙/黄/红色	所有高压电组件均带安全标记，所有高压电组件均标有警告标签。发动机舱锁支架上有额外的黄色高压警告	所有高压插接器均配备经过改进的触电防护组件（IPXXB+、防触摸），动力电池内部还提供触电防护
策略	紧急断电连接	互锁回路与绝缘电阻	主动放电与被动放电
说明	紧急断电连接指的是动力电池包上的保养插头 TW 和熔丝架中的可快速拆卸的熔丝	为了提高所有高压插接器的触电防护效果，互锁线路仅与保养插头 TW 连接，绝缘监测电阻对车身高压电势的电绝缘情况进行检测	高压系统紧急关闭后，例如发生碰撞或打开保养插头 TW 后，高压系统将在 5s 内放电。所有高压组件的电路中都有电容器。被动放电可确保电压在组件与动力电池断开后两分钟内降到 60V 以下
策略	发生碰撞事故时高压切断	监测高压继电器与短路测试	动力电池防护标准 IP67
说明	发生无法排除高压电系统损坏的事故后，高压电系统将关闭并主动放电。许多高压电组件都安装在非常靠近车身外壳的位置，且检测到事故，高压电势会立即断开，该动作不可以在维修车间复位，必须进行更换维修	每个高压继电器前后都有一个电压接头。如果非预期状态被识别为对其中一个高压继电器有影响，则高压电系统将停用，直到消除故障为止。如果在预充电过程中发生短路，则会将其隔离，并且不会激活高压电系统。如果在高压电系统已经激活时检测到短路，则高压电系统将关闭	IP6X 中的 6 表示固态（异物颗粒与灰尘）等级（共 6 级）为完全防止异物进入；IPX7 中的 7 表示液态（油和水等液体）等级（共 8 级），8 为无限浸泡而不损坏，7 为防护短暂浸泡（防浸）

比亚迪 e 平台应用的安全策略如图 8-1 所示。

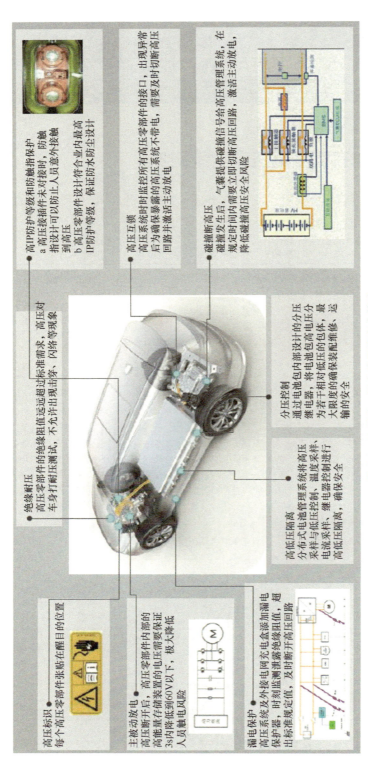

图 8-1 比亚迪 e 平台应用的安全策略

8-2 高压电对人体有什么危害？

触电是指人体触及带电体时，电流对人体所造成的伤害。电流对人体的伤害是多方面的。根据伤害的性质不同，触电可分为电伤和电击两种。

电伤是指由于电流的热效应、化学效应和机械效应对人体的外表造成的局部伤害，如电灼伤、电烙印和皮肤金属化等。对于高于1kV以上的高压电气设备，当人体过分接近它时，高压电可将空气电离，然后通过空气进入人体，此时还伴有高电弧，能把人烧伤，如图8-2所示。电击是指电流流过人体内部造成人体内部器官的伤害。

电击使人致死的原因有三方面：一是流过心脏的电流过大、持续时间过长引起"心室纤维性颤动"而致死。二是因电流作用使人窒息而死亡。三是因电流作用使心脏停止跳动而死亡。

图 8-2　高压电的危害

根据电流对人的不同危害程度，可以分为感知、摆脱、致命三种类型。

电流流过人体时可引起感觉的最小电流称之为感知电流。感知电流的最小值称为感知阈值。成年男性平均感知电流约为1.1mA（有效值）；成年女性约为0.7mA。人在触电后能够自行摆脱带电体的最大电流称为摆脱电流。成年男性平均摆脱电流约为16mA；成年女性平均摆脱电流约为10.5mA；儿童的摆脱电流较成人要小。在短时间内危及生命的最小电流，其最小电流即致命阈值称为致命电流。致命电流与电流持续时间关系密切。当电流持续时间超过心脏周期时，致命电流仅为50mA左右。当电流持续时间短于心脏周期时，致命电流为数百毫安。当电流持续时间小于0.1s时，只有电击发生在心脏易损期，500mA以上乃至数安的电流才能够引起心室颤动。根据欧姆定律，流过导体的电流与电压及电阻相关。

8-3 电动汽车高压维护作业安全要注意些什么？

混合动力汽车和电动汽车上的高压车载网络以最高800V的直流电压工作且必须提供较大电能。其高压电部分连接线束呈橙色。部分高压部件上都有警示标志，如图8-3所示。如果不遵守作业要求，将导致严重性伤害，甚至有生命危险。

图 8-3　高压部件警示标志

工作人员一定要穿好绝缘鞋，身上不要携带金属物品（如硬币等）。使用1000V耐久性的绝缘手套，并在使用前确认是否破损，在未佩带手套的情况下不要直接接触带高压电的部件。

在进行场地检查时，应在比较明显的位置使用三角警示牌提醒其他人员"高电压作业中触摸危险"字样。将维修车辆停放在维修工作区域时，先确认地面和发动机舱内没水，不允许在潮湿的环境下作业。确认工作区域内配有二氧化碳灭火器。

准备所需维修工具，确认维修工具经过绝缘处理。

切忌手上沾有水时，进行高压作业及在高压部件沾有水的状态下作业。在地面或周围湿度过高时，须停止作业。

切断高压系统电源，首先切断手动维修开关。

8-4 电动汽车怎样保养？

电动车和燃油车一样需要保养，但是保养的内容和方法有一些区别。电动汽车的日常保养主要有以下项目。

1）外观检查：外观检查与燃油车类似，检查项目包括车身、大灯、胎压等。电动车还需要检查充电插座，看充电插座内的插头是否松动，橡胶圈接触面是否氧化或损坏。如果插座被氧化，会导致插头发热。如果发热时间过长，会造成插头短路或接触不良，损坏充电枪和车载充电器。

2）车身油漆的维护：春夏雨水变多，雨水中的酸性物质会损坏车漆表面。应该养成雨后洗车打蜡的好习惯。

3）正确把握充电时间：电动汽车需要及时补充电能，保持电池具备足够的电量。使用时要根据实际情况准确掌握充电时间，参考平时使用频率和里程，自己掌握充电时间。过度放电会缩短电池寿命。

同时充电时间不宜过长，否则会导致过充，使车辆电池发热。过度充电、过度放电都会缩短电池的使用寿命。充电过程中，如果电池温度超过65℃，应停止充电。

4）机舱检查：电动车的电气线束与部件比较多，需要专门检查一些插座连接器和线路的绝缘保护。

5）底盘检查：电动汽车的动力电池基本都安装在车辆的底盘内，所以在维修保养时，会对动力电池护板、悬架件、半轴密封套等进行紧固和检查工作。

6）更换齿轮油：大部分电动车都配备单速变速器，需要定期更换齿轮油，保证齿轮组和驱动电机的正常润滑。针对具体的车型，根据厂家要求有的需要定期更换齿轮油，有的车辆达到一定里程才需要更换。电动汽车的齿轮油与传统燃油汽车没有太大区别。

7）制动液和防冻液：因为电动车没有发动机，所以不涉及机油和机油滤清器、空气滤清器、燃油滤清器这些耗材。需要注意的是制动液和防冻液。如果没有泄漏，可以按照厂家规定的周期更换制动液和防冻液，和燃油车没有太大区别。

8）"三电系统"检查：维修电动车时，维修技师通常会使用诊断电脑连接车辆的诊断接口，读取车辆控制系统的数据流（部件工作参数）与故障码信息。包括电池组状况、电池电压、SOC、电池温度、CAN总线通信状态等。基本上不需要更换易损件。目前很多厂商都支持车载互联网系统（OTA）在线更新。一旦有了新版本，车主也可以要求升级车辆软件。如果车辆续驶里程出现断崖式下降，动力电池组中的电芯也可以通过专业均衡器进行平衡。但是不同厂家的4S店具体的评价标准是不一样的。此外，鉴于平衡处理的成本较高，在执行层面会出现延迟、执行不充分等问题。

9）空调维护：根据汽车保养的要求，需要定期清洗汽车空调或者更换空调滤清器。如果滤清器长时间不用，只需用高压气枪吹干净即可。如果空调滤清器过脏堵塞，则需要更换。

10）充电时避免插头发热：电源或充电器输出插头松动，接触面氧化等会导致插头发热。如果加热时间过长，插头会短路或接触不良，会损坏充电器和电池，带来不必要的损失。当发现上述情况时，应及时清除氧化物或更换连接器。

11）电动汽车的清洁：电动车应该按照正常的洗车方法清洗。清洗时，应注意避免水流入车内充电插座，造成线路短路。在以下情况下，这些行为会导致油漆层剥落或车身及零部件腐蚀，最好立即清洗车辆。

 a. 在沿海高速公路上行驶时。
 b. 在含大量盐粒（冰雪融化）的道路上行驶时。
 c. 当车身沾有油脂和其他杂物时。
 d. 在空气中有大量灰尘、铁屑或化学物质的区域行驶时。

8-5 燃油汽车怎样保养？

汽车保养是指定期对汽车相关部分进行检查、清洁、补给、润滑、调整或更换某些零件的预防性工作，又称汽车维护。燃油汽车保养主要包含了对发动机、变速器、空调系统、冷却系统、燃油系统、动力转向系统等的保养。汽车保养的目的是保持车容整洁，技术状况正常，消除隐患，预防故障发生，减缓劣化过程，延长使用周期。

燃油汽车保养分为小保养与大保养，小保养一般是指汽车行驶一定距离后，为保障车辆性能而在厂商规定的时间或里程做的常规保养项目。主要包括更换机油和机油滤芯，如图8-4所示。小保养的时间取决于所用机油和机油滤芯的有效时间或里程。不同品牌级别的机油，例如矿物质机油（一般更换间隔里程为5000km）、半合成机油（间隔7500km）、全合成机油（间隔10000km）有效期也不尽相同，一般以厂商推荐为准。机油滤芯一般分常规及长效两种，常规机油滤清器随机油一起更换，长效机油滤芯使用时间更长。

图 8-4 更换机油与机油滤清器

大保养是指在厂商规定的时间或里程，进行的内容为更换"一油三滤"即机油和机油滤清器（俗称机油格）、空气滤清器（俗称空气格）、汽油滤清器（俗称汽油格）的常规保养。

在进行常规保养时，还要根据车辆的具体情况做其他检查，比如发动机相关系统的检查清洗（节气门）养护、轮胎的检查、车轮定位的检查、制动块的检查、各紧固部件的检查等等。

8-6 电动汽车定期检查项目有哪些？

以吉利帝豪 EV 车型为例，有别于传统燃油汽车的高压系统部件保养内容及周期见表 8-2。

表 8-2 吉利帝豪 EV 车型高压系统部件保养内容及周期

总成	保养项目	保养内容	保养周期
动力电池总成	电池箱外围	电池箱体（含尾部挂梁）与车辆底盘的固定螺柱紧固	10000km 或 6 个月保养一次
		电池箱体（含尾部挂梁）与车辆底盘的固定螺柱腐蚀/破损	
		MSD 拉手及底座内部清洁度/腐蚀/破损	
		高压插接器公插与母插清洁度/腐蚀/破损	
		低压插接器公插与母插连接可靠性	
		低压插接器公插与母插清洁度/腐蚀/破损	
		电池箱箱体划痕/腐蚀/变形/破损	
		电池下箱体底部防石击胶划痕/腐蚀/破损	
	电池状态	检查电池状态参数/SOC/温度/电芯电压	
		检查 PACK 绝缘阻值	
驱动电机	清洁电机水冷系统	清洁电机外壳体，保证无水渍、泥垢	10000km 或 6 个月保养一次
		检查管路有无老化、渗漏	
		检查水泵是否有冷却液渗漏	
	电机机械连接紧固	检测螺栓上的漆标，若漆标位置有移动则对螺栓进行紧固，若无则不做要求	
	接地线连接	电机接地线部位的接地电阻不大于 0.1Ω	
冷却系统	冷却液	检查或更换	20000km 更换一次
减速器	齿轮油	检查或更换	50000km 更换一次
车载充电机	一般检查	清洁	10000km 或 6 个月保养一次
		高、低压接插件表面完好无破损、牢固	
		接地线牢固无松动	
驱动电机控制器	绝缘、接地、检测	绝缘电阻≥100MΩ；接地电阻≤100mΩ	50000km 检查一次
		不可维修件，无须保养	
分线盒		无须保养	

8-7 汽车轮胎异常磨损是怎么形成的？安装轮胎要注意什么？

轮胎异常磨损（早期磨损）的常见形式及原因有以下几点。

1）轮胎中央（即胎冠部分）早期磨损：充气量过高，轮胎气压过高；在窄轮辋上选用宽轮胎。

2）轮胎两边（即胎肩部分）磨损过大：充气量不足，或车辆长期超负荷行驶。

3）轮胎单边磨损量过大：前轮定位失准——前轮的外倾角过大，轮胎的外边形成早期磨损；外倾角过小或没有，轮胎的内边形成早期磨损。

4）轮胎对角线磨损：车轮以一定横向偏离角运转，在轮胎路面接触区域形成对角线应力；高前束值（位于规定的设定值公差下限的前束值可改善）外倾角不正确；轮胎气压过高；几乎只出现在前驱车的非驱动轮胎上。

安装轮胎时要注意以下事项：

1）建议在所有车轮上只安装相同产品、相同类型和相同花纹结构的轮胎。轮胎上有些标识表示类型及性能级别的，有选用时要注意区分，如图 8-5 所示。M+S 是英文 Mud+Snow（泥泞+雪）的缩写，代表该轮胎属于冬季胎。TRACTION 为抓地级数：代表这条轮胎的抓地能力的等级，共分为 4 个级别：AA、A、B、C，AA 级别最高。TEMPERATURE 为温度级数：代表这条轮胎的散热能力的等级共分为 3 个级别：A、B、C，A 级别最高。TREAD WEAR 胎面耐磨指数：100 是标准，超过 100——较优，低于 100——较差。耐磨指数是根据在指定的试验场地，按标准条件测试的耐磨指数换算得出的。如某轮胎耐磨指数为 200，则表示它在指定的试验场地上比等级为 100 的轮胎可以多跑一倍的时间。而实际上轮胎的耐磨指数与使用条件有关，例如：驾驶习惯、路面状况、气候、定位等皆会影响。注：耐磨指数只能适用于同一制造商的产品进行比较，不同品牌不能予以比较。

冬季轮胎标识　　　抓地级数及温度级数　　　胎面耐磨指数

图 8-5　轮胎类型及性能级别标识

2）在更换辐板式车轮或轮胎时，原则上必须更换橡胶气门嘴。

3）安装轮胎时，轮胎的 DOT 标记必须指向车轮外侧，有的轮胎标示有安装方向"OUTSIDE（朝外）"，有的轮胎标示有车轮旋转方向，ROTATION 此标记代表该轮胎有旋转方向的限制，安装时车轮前进时旋转方向应该与轮胎上的标记一致，如图 8-6 所示。

| DOT标识 | 外侧标识 | 方向标识 |

图 8-6　轮胎安装方向（外侧指示标记）

8-8　铝合金轮辋为什么会腐蚀？应怎样保养？

铝合金轮毂外观漂亮，但也很娇气。要保持轮毂外观的漂亮，除驾驶时防止轮毂的意外损伤外，还要定期地对轮毂进行维护和保养。

外因很容易造成铝合金轮辋的腐蚀，轮辋外观的腐蚀不会影响安全性能；及时正确地保养能保证铝合金轮毂表面美观长久。

在高速行驶后，轮毂温度较高，应让其自然冷却后再进行汽车铝合金轮毂保养，千万不能用冷水洗，否则会使铝合金轮毂受损；另外应避免在高温时用清洁剂清洁铝合金轮毂表面，否则会导致轮毂表面发生化学反应，失去光泽而影响美观。

车辆在沿海、湖泊等气候潮湿的地区使用时，应该经常对铝合金轮毂进行保养清洗。因为潮湿的空气和盐分会加速对铝合金轮辋表面的腐蚀。

日常使用汽车时应及时洗清除轮毂表面上附着的沙粒和污垢，否则铝合金的表面会受到腐蚀和损伤；当轮毂上沾有难清除的柏油时，如果一般的清洁剂无济于事，可用毛刷子试着清除，但不要使用过硬的刷子，以免损伤轮毂表面。

清洗时要尽量用专用的清洁剂进行清洁，如图 8-7 所示。最好每隔一段时间（2 个月左右）给轮辋进行打蜡保养，使其光泽持久。

图 8-7　汽车轮辋的清洁保养

附录　常见汽车英文标识释义

英文标识	全称	中文释义	备注
ABS	Antilock Brake System	防抱死制动系统	博世公司开发的汽车底盘技术
ADAS	Advanced Driver Assistance System	高级驾驶辅助系统	自动驾驶的L2级
AMG	Aufrecht Melcher Grossaspach	人名奥弗雷希特和梅尔彻与地名格罗斯帕奇小镇的缩写	奔驰高性能汽车子公司
AMT	Automated Manual Transmission	自动机械变速器	—
AWD	All-Wheel Drive	全时四驱（全轮驱动）	—
BMS	Battery Management System	（动力）电池管理系统	新能源汽车核心部件
CDI	Common-rail Diesel Injection	共轨柴油喷射	奔驰发动机技术
CGI	Stratified-Charged Gasoline Injection	（汽油）发动机缸内直喷技术	奔驰发动机技术
CNG	Compressed Natural Gas	压缩天然气	—
CVT	Continuous Variable Transmission	无级变速器	—
CVVT	Continue Variable Valve Timing	连续可变气门正时机构	现代发动机技术
DCT	Double-Clutch Gearbox	双离合变速器	—
DHT	Dedicated Hybrid Transmission	混合动力专用变速器	—
DSC	Dynamic Stability Control	动态稳定控制	宝马名词，功能同ESP

（续）

英文标识	全称	中文释义	备注
DSG	Direct Shift Gearbox	直接换档变速器	大众汽车的双离合器变速器
EBD	Electric Brakeforce Distribution	电子制动力分配	—
EPB	Electrical Park Brake	电子驻车制动	—
EPS	Electric Power Steering	电动助力转向	分 C-EPS、R-EPS、P-EPS 三种形式
ESC	Electronic Stability Controller	车身电子稳定性控制系统	通用汽车名词，功能同 ESP
ESP	Electronic Stabilty Program	车身稳定控制系统	博世基于 ABS 开发的汽车底盘控制技术
EV	Electric Vehicle	（纯）电动汽车	—
FCV	Fuel Cell Vehicle	燃料电池汽车	—
GTs	Grand Touring Sport	高性能大功率跑车	—
e:HEV	Hybrid Electric Vehicle	（油电）混合动力汽车	—
i-MMD	Intelligent Multi Mode Drive	智能多模式驱动	本田混动技术
i-VTEC	Intelligent Variable-Valve Timing and lift Electronic Control	智能可变气门正时与升程电子控制	本田发动机技术
LPG	Liquefied Petroleum Gas	液化石油气	—
MHEV	Mild Hybrid Electric Vehicle	轻度混合动力车辆	—
OBC	On-board charger	车载充电机	—
PEPS	Passive Entry Passive Start	无钥匙进入及起动（系统）	—
PHEV	Plug-in Hybrid Electric Vehicle	插电式混合动力汽车	—
SRS	Supplemental Restraint ystem	辅助约束系统（安全气囊）	常与 Air Bag（空气囊）一起标注

（续）

英文标识	全称	中文释义	备注
SUV	Sport Utility Vehicle	运动型多用途汽车	—
TDI	Turbo Direct Injection	涡轮增压直接喷射（柴油发动机）	大众发动机技术
TFSI	Turbocharger Fuel Stratified Injection	带涡轮增压的燃料分层喷射	大众发动机技术
VCU	Vehicle Control Unit	整车控制器	—
VSC	Vehicle Stability Control	车身稳定控制（系统）	丰田名词，功能同ESP
VVT	Variable Valve Timing	可变气门正时技术	—
VVT-i	Variable Valve Timing-intelligent	智能可变气门正时系统	丰田发动机技术
4MATIC	4 Wheel Drive Automatic	四轮驱动	奔驰的四驱技术
4WD	4 Wheel Drive	四轮驱动	—

参考文献

[1] 陈家瑞. 汽车构造 [M]. 北京：机械工业出版社，2013.
[2] 关文达. 汽车构造 [M]. 北京：机械工业出版社，2010.
[3] 张金柱. 图解汽车原理与构造 [M]. 北京：化学工业出版社，2016.
[4] 陈新亚. 视频图解汽车构造与原理 [M]. 北京：机械工业出版社，2020.
[5] 陈新亚. 汽车为什么会跑－图解汽车构造与原理 [M]. 第3版. 北京：机械工业出版社，2017.
[6] 陈新亚. 看图秒懂汽车原理 [M]. 北京：化学工业出版社，2022.
[7] 崔胜民. 一本书读懂新能源汽车 [M]. 北京：化学工业出版社，2019.
[8] 杨宽. 一本书读懂电动汽车 [M]. 北京：化学工业出版社，2020.
[9] 瑞佩尔. 新能源汽车结构与原理 [M]. 北京：化学工业出版社，2019.
[10] 瑞佩尔. 电动汽车电池、电机与电动控制 [M]. 北京：化学工业出版社，2022.
[11] 付铁军，郭传慧，沈斌. 新能源汽车关键技术 [M]. 北京：机械工业出版社，2020.
[12] 介石磊，孙玉凤. 新能源汽车与新技术 [M]. 成都：电子科技大学出版社，2020.
[13] 黄勇. 动力电池及能源管理技术 [M]. 重庆：重庆大学出版社，2021.
[14] 高大威. 汽车驱动电机原理与控制 [M]. 北京：清华大学出版社，2022.
[15] 郭继东，赵伯鸾，张君健 [M]. 新能源汽车使用与检查. 北京：原子能出版社，2020.